HEYNE <

Sharon Hendry wurde in Somerset geboren und lebt heute teils dort und teils in London mit ihrem Sohn Daniel. Sie war 15 Jahre lang Feuilletonistin und investigative Journalistin bei der britischen Zeitung *The Sun*. Im Verlauf ihrer Arbeit hat sie internationalen Adoptionsschwindel entlarvt, Pädophile in Kambodscha aufgespürt und ein Komplott zur Ermordung des russischen Dissidenten Boris Beresowski in London aufgedeckt. 2013 gewann sie den »Best Investigative Article Prize« des britischen Unterhauses für ihre Reportage über Kinderhandel. Heute arbeitet Sharon Hendry als freie Journalistin.

RADHIKA PHUYAL
SHARON HENDRY

UNTER EINEM FALSCHEN HIMMEL

Verschleppt, verkauft, versklavt – doch für meinen Sohn habe ich überlebt

Aus dem Englischen von Michael Krug

WILHELM HEYNE VERLAG
München

Die Originalausgabe erschien 2010 unter dem Titel *Radhika's Story – Surviving Human Trafficking* bei New Holland Publishers, UK.

Die deutsche Erstausgabe erschien 2011 bei Deltus, Graz.

FSC
www.fsc.org
MIX
Papier aus verantwortungsvollen Quellen
FSC® C014496

Verlagsgruppe Random House FSC® N001967

Taschenbuchausgabe 05/2016

Umschlaggestaltung: Yellowfarm GmbH, S.Freischem
unter Verwendung eines Fotos von: Manish Koirala
Satz: EDV-Fotosatz Huber/Verlagsservice G. Pfeifer, Germering
Druck: GGP Media GmbH, Pößneck
Printed in Germany
ISBN: 978-3-453-60396-7

www.heyne.de

Für meinen geliebten verstorbenen Vater Robert Fairs Hendry, meine inspirierende Mutter Ina und meinen beherzten Sohn Daniel. Ihr alle habt mich gelehrt, jenen eine Stimme zu verleihen, die schweigen. Danke.

Menschenhandel passiert über Kulturen und Kontinente hinweg. Wir alle tragen die Verantwortung, diesem Treiben ein Ende zu bereiten. Durch Partnerschaften können wir es frontal bekämpfen und seine Opfer aus der Sklaverei in die Freiheit führen.

Hillary Clinton, US-Außenministerin, 2010

Inhalt

Danksagung

Ich möchte der *Sun* und ihren drei aufeinanderfolgenden Chefredakteuren – David Yelland, Rebekah Brooks (mittlerweile Geschäftsführerin von *News International*) sowie Dominic Mohan – dafür danken, dass sie mir die Gelegenheit gegeben haben, täglich den Job meiner Träume auszuüben.

Außerdem stehe ich in der Schuld meiner Kopilotin Elisha Shrestha von Maiti Nepal, Übersetzerin, Vermittlerin und außergewöhnliche Expertin für nepalesische Geschichte und Sprache – ohne dich wäre dieses Buch nicht möglich gewesen.

Des Weiteren geht mein Dank an meine Verlegerin Aruna Vasudevan. Deine Geduld mit einer schriftstellerischen Anfängerin war beispielhaft.

Besondere Erwähnung verdient Anuradha Koirala – dafür, dass sie mich so herzlich in ihrem wundervollen Asyl begrüßt und es mir gestattet hat, einer inspirierenden Legende bei der Arbeit zuzusehen.

Zu guter Letzt – und am wichtigsten – möchte ich Radhika selbst meinen tiefempfundenen Dank aussprechen. Deine Geschichte hat mich zu Tränen gerührt, als du sie mir zum ersten

Mal erzählt hast, während wir an einem schwülen Julinachmittag im Jahr 2009 bei Maiti Nepal auf dem Rasen hockten. *Niemals* werde ich deinen Mut, deine Würde und die außerordentliche Liebe vergessen, die du für deinen Sohn hegst. Ich wünsche mir, dass Rohan deine Geschichte eines Tages liest und das ebenfalls erfährt.

Vorwort

Joanna Lumley

Anfangs könnte man meinen, man höre eine Geschichte von einem verzweifelten Seifenopernautor; zu viel Grauen und Grausamkeiten kommen darin vor, zu viele Erniedrigungen, zu viel himmelschreiende Ungerechtigkeit und fast unglaublicher Mut ... und doch ist alles wahr, jedes Wort davon; und das nicht nur im Fall von Radhika, sondern auch bei Tausenden Frauen und Mädchen wie ihr.

In einem Zeitalter, in dem wir uns damit rühmen, dass die Sklaverei abgeschafft wurde und Frauen Rechte haben, die gewahrt werden, springt uns diese nackte Tatsache ins Gesicht: Viele Frauen wurden nie schlimmer missbraucht als heute, in diesem Augenblick, in dieser Minute, in einer Welt, die so klein geworden ist, dass wir sie innerhalb von wenigen Momenten mit einer E-Mail überqueren können. Dies ist nicht etwa eine Geschichte aus einem anderen Jahrhundert, auch wenn es sich anfühlt, als stamme sie aus dem Mittelalter. Der vorliegende Augenzeugenbericht birgt eine Botschaft, die für alle Zeit Gültigkeit haben wird – dass Mut und Liebe jedem Albtraum gewachsen sind.

Nepal und Indien, wo sich Radhikas Geschichte abspielt, sind Orte der Extreme. Schönheit und Krankheit, tiefste Armut und übersättigter Wohlstand, Hunger und Überfluss drängen sich nebeneinander und gestalten das Leben für die Völker dieser Nationen zu einem fortwährenden Kampf. Es ist ein idealer Nährboden für verschiedenste kriminelle Aktivitäten, nicht zuletzt für Zwangsprostitution und den Handel mit Frauen und Kindern.

Der Schaden und die Zerstörung, die damit angerichtet werden, spotten beinah jeder Beschreibung, und niemand berichtet mit mehr Anteilnahme und Verständnis darüber als Sharon Hendry.

Sie und ich haben Maiti Nepal während der Regenzeit im Juli 2009 besucht. Maiti Nepal: Das Wort »Maiti« bedeutet »Mutter«, »Haus der Mutter«, »Mutterliebe«, »Zuflucht« und »Beschützerin«. Wir sahen dort Kinder mit HIV/Aids und Geschlechtskrankheiten, Mädchen mit ausgerenkten Hüften, weil sie als Siebenjährige sexuell missbraucht wurden, junge Frauen, deren Seelen für immer von dem gezeichnet sein werden, was sie durchlitten haben. Sie alle werden langsam und behutsam zurück in eine Welt geführt, in der man Menschen vertrauen kann, in der ihnen Fertigkeiten beigebracht werden, in der Musik und Tanz an der Tagesordnung sind, in der kaputte Leben repariert werden. Die außergewöhnliche und charismatische treibende Kraft hinter dem Heim, Frau Anuradha Koirala, fragte mich, ob ich dabei helfen würde, ihre Arbeit in Großbritannien bekannter zu machen. Ohne zu zögern, sagte ich zu.

Ich hatte das Gefühl, dass diese Geschichte, nur eine von vielen – zu vielen, die unerzählt bleiben –, gehört werden muss. Und wenn Radhikas Geschichte auch nur für ein einziges weiteres Kind verhindert, dass es in diese entsetzliche Sklaverei verkauft wird, dann hat sie nicht umsonst gelitten.

Joanna Lumley ist Sonderbotschafterin für Maiti Nepal, eine Organisation, die Opfern von Menschenhandel hilft. Sie ist eine renommierte Schauspielerin und anerkannte Menschenrechtskämpferin.

Einleitung

Die Waggontür des Zugs fiel zu, und Radhika Phuyal spürte sofort, wie die intensive Hitze sie umfing.

Ihr neuer smaragdgrüner *Salwar Kurta* – ein langer Kittel über weiter Hose, den Mädchen ihres Alters aus Tradition tragen – klebte unangenehm an ihrer Haut, und ihr langes, glänzendes schwarzes Haar fühlte sich schwer auf dem Rücken an. Ihr Atem ging in ungewöhnlich kurzen, flachen Stößen, als sie plötzlich von einer schrecklichen Angst vor dem Unbekannten überwältigt wurde, vor dem, was auf dieser aufregenden Reise vor ihr liegen mochte.

Das schleichende Unbehagen, das sie angesichts einer unvertrauten Zugfahrt empfand, milderte nur der Umstand, dass sie zum ersten Mal in ihrem Leben in den Urlaub fuhr.

»Urlaub«, flüsterte sie immer wieder bei sich. Radhika gefiel, wie sich das Wort auf der Zunge anfühlte – wie exotische, kostspielige Früchte. Die Tage, in denen sie mehr schlecht als recht ein verarmtes Dasein bestritten hatte, indem sie Spinat auf den staubigen Straßen von Kathmandu verkaufte, waren vorbei.

Die hinduistischen Götter schienen Radhika endlich eine Auszeit von der Unbarmherzigkeit ihres Lebens zu gönnen.

Ihre Opfergaben hatten sich gelohnt. Sie hatte es sich nie nehmen lassen, Lakshmi, der Göttin des Wohlstands und Wohlergehens, süße Milch und Reis darzubringen, wenn sie den Tempel besuchte.

Lakshmi war ihr am liebsten, nicht nur, weil sie die schönste der Gottheiten war, sondern auch, weil sie für Reinheit und Fruchtbarkeit stand. Radhika war überzeugt, dass Lakshmi die Hand dabei im Spiel gehabt hatte, sie aus den wimmelnden Massen, die Gemüse am Fluss Bishnumati in Kathmandu verkauften, in das Luxusleben zu erheben, das ihr die Leute versprachen, mit denen sie reiste – ihre »neue Familie«.

Ihr Leben hatte sich innerhalb weniger Wochen so radikal geändert, dass scheinbar Unerreichbares glaubhaft wurde. Früher schienen Radhikas Träume weit außer Reichweite zu sein, denn Familienschulden hatten sie gezwungen, die heiß geliebte Schule vorzeitig abzubrechen, um zu arbeiten, zuerst als Erntehelferin, später als Verkäuferin des Gemüses ihrer Familie.

Rasch wurde ihr klar, dass ein Wunder nötig wäre, um sie vor der Armut zu retten, die schon die Hoffnungen und Träume Tausender anderer ungebildeter nepalesischer Mädchen verschlungen hatte.

Vielleicht ist es das … mein Wunder!, dachte Radhika und lehnte sich auf dem Sitz zurück, als der Zug den Bahnhof verließ und mit wachsender Geschwindigkeit seinem nur den Göttern bekannten Ziel zurollte. *Vielleicht ist das endlich mein Zeichen von der Göttin Lakshmi, dass sich die Dinge ändern.*

Sie lauschte den leisen, rhythmischen Fahrgeräuschen und fühlte sich wie die Heldin eines der epischen Bollywood-

Filme, deren Werbeplakate sie so oft in Kathmandu gesehen hatte.

Endlich ging es für Radhika Phuyal irgendwohin. Wohin genau, wusste sie noch nicht – ihre neue Familie hatte ihr das Ziel nicht genannt. Aber das spielte keine Rolle. Wenn man mitten hinein in die Armut des viertärmsten Landes der Welt geboren wird, reicht es manchmal schon, sich nur weiterzubewegen.

Außerdem trug der geheimnisvolle Aspekt der Reise nur zu ihrer Erregung bei und ließ das Gefühl, ein Abenteuer zu erleben, umso stärker werden. Zum ersten Mal empfand Radhika, dass etwas Bedeutsames geschehen würde, etwas, das ihr Leben vielleicht für immer verändern würde.

Sie brauchte nur ihre Sorgen zu verdrängen und die Fahrt zu genießen. Wie der heilige hinduistische Text namens *Bhagavad Gita* lehrt: »Für jene, die zweifeln, gibt es weder diese Welt, noch die danach, noch Glück.«

Und zu jenem Zeitpunkt wusste Radhika, dass sie keine Zweifel hegen und sich eigentlich keinerlei Sorgen machen sollte. Immerhin befand sie sich auf der ersten von hoffentlich vielen Reisen ihres restlichen Lebens.

Worüber also sollte sie sich den Kopf zerbrechen?

*

Der sterile Geruch von Krankenhausdesinfektionsmitteln riss Radhika aus tiefem Schlaf. Sie übergab sich.

Verschwommen geriet das Gesicht eines Mannes in Sicht. Sie konzentrierte sich, versuchte, ihn deutlich zu erkennen.

Wer war er? Murari Pariyar! Genau. Der Freund der Familie, für die sie arbeitete. Er war am Bahnhof aufgetaucht und Radhika vorgestellt worden, bevor sie in den Zug stieg. Aber wo steckten die anderen? Und wo befand sie sich?

Allmählich nahm Radhika eine weitere Person im Raum wahr, einen weiß gekleideten Mann.

Sie versuchte weiter, sich zu konzentrieren, aber es fiel ihr *so* schwer. Alles war derart verwirrend. Nach einigen Bemühungen ereilte sie eine Erkenntnis: Der Mann war ein Arzt. Aber was wollte ein Arzt hier? Hatte sie einen Unfall gehabt?

Als Radhika weiter zu Bewusstsein kam, befiel sie ein entsetzliches Gefühl der Beklommenheit, eine zunehmende Angst. Dann setzten jäh und unbarmherzig die Fragen ein.

Wo befand sie sich? Was tat sie hier? Was stimmte nicht mit ihr? Warum lag sie in einem Krankenhausbett? Was war mit ihr geschehen, seit sie in den Zug zu ihrem strahlenden neuen Leben gestiegen war?

Wo war die Göttin Lakshmi jetzt?

Wie war sie in diese Lage geraten?

VERGEWALTIGUNG DER UNSCHULD

Beginn

Radhika wurde als eines von sechs Kindern zwar einfacher, aber einer hohen Kaste angehörender Bauern in Kavresthali geboren, einer kleinen, ländlichen Provinz sieben Kilometer nordwestlich von Kathmandu, Nepals Hauptstadt. Die Gegend liegt nur eine Stunde Fahrt auf einer holprigen Straße von der betriebsamen Stadt entfernt. Wer Kavresthali zum ersten Mal besucht, dem sieht man es nach, wenn er sich um mehrere Jahrhunderte in eine vergessene Zeit zurückversetzt wähnt, in der die Landwirtschaft als Hauptstütze des Einkommens der meisten Familien galt. Während in Kathmandu uralte, Smog speiende Autos stundenlang Stoßstange an Stoßstange wie schreiende Esel in Staus stehen, herrscht in Kavresthali auf den Steppen im Schatten des mächtigen Himalaja-Gebirges eine geradezu spirituelle Stille. Nur das Lachen von Kindern ist zu hören, die zwischen den ärmlichen, geweißelten, eingeschossigen Häusern Verstecken spielen. Ringsum buckeln ihre Eltern und Großeltern auf den Feldern, säen Kürbis- und Spinatsamen aus, um mit der Ernte ihre Familien zu versorgen und hoffentlich auf dem örtlichen Markt einen kleinen Gewinn zu erzielen.

Kavresthali ist eines der größten Dörfer im Verwaltungsbezirk Kathmandu und hat rund 7 000 Einwohner. Die meisten sind in kleinen Landwirtschaftsbetrieben tätig. Jeden Morgen kurz nach Sonnenaufgang wandern Frauen in bunten *Saris* über die Hügel und balancieren mit Gemüse beladene Strohkörbe auf dem Rücken. Mit der geschmeidigen Eleganz von Primaballerinen und sicheren Schritten marschieren sie täglich in die Stadt, um die Erzeugnisse zu verkaufen. Wenn sie Glück haben, begleitet sie ein genauso fleißiger Ehemann, Bruder oder Vater, der sich ihnen anschließt, um Milch zu verkaufen. Ein Mann, der mehrere Hühner um den Hals trägt, repräsentiert eine der unternehmerischsten Familien von Kavresthali – eine, die ihre eigene Geflügelzucht betreibt.

Anders als mittlerweile in Kathmandu gibt es hier keine neumodischen Cafés oder Läden, in denen Popmusik dudelt. Stattdessen arbeiten die Einwohner von Kavresthali schwer dafür, zu überleben, und bestellen die endlosen Felder nicht selten, bis ihre Hände bluten.

Den meisten Außenstehenden, die Kavresthali in der Touristensaison zwischen September und November besuchen, erscheint der Ort vermutlich idyllisch. Die morgendliche Kühle wird bald von einer rot lodernden Sonne vertrieben, die die satten Grüntöne der Hügel gegenüber dem süßlich riechenden, braunen Schlamm der umliegenden Felder hervorhebt. Die Landschaft mutet biblisch an und vermittelt dem Besucher ein Gefühl von Beschaulichkeit. Zur Monsunzeit jedoch treten in der Gegend häufig Erdrutsche auf, und wohl kein Tourist würde dann die Realität des Lebens in einem Dorf mit beschränkter Strom- und Wasserversorgung begrüßen.

Der einzige Luxus der Einwohner ist ein kleiner Laden, der den Mittelpunkt des Dorflebens bildet. Von Kerzen bis Chips wird dort alles verkauft. Er liegt an einem schmalen Trampelpfad zwischen den Feldern und Hügeln.

Radhikas Familie – die Phuyals – ist typisch für die Bevölkerung der Region. Die fünf Mitglieder umspannen drei Generationen und leben als Beispiel traditioneller, inniger Verwandtschaft unter einem Dach. Es ist eine warmherzige Ordnung, in der Liebe und Stabilität vermittelt werden. Allerdings ergibt sich daraus auch ein abgekapseltes Leben, in dem Kinder von der harten Realität der Welt außerhalb von Kavresthali abgeschottet werden.

Hari Prem, Radhikas 102-jährige Großmutter, gilt außerhalb des Heims der Phuyals, wo sie oft mit untergeschlagenen Beinen in der Sonne sitzt, als Institution. Sie ist das Oberhaupt der Familie und gibt die Regeln vor, nach denen gelebt wird. Außerhalb des eigenen Heims besitzen nepalesische Frauen kaum Rechte, obwohl sie ein integraler Bestandteil der Familienstruktur sind.

Im Buddhismus und Hinduismus nehmen Frauen gewaltigen Einfluss auf das Wohlergehen von Stämmen und insbesondere deren Kinder. Frauen arbeiten bei den Ernten ebenso mit wie bei der Instandhaltung der kleinen Familiengehöfte. Sie sind für das Kochen des traditionellen Gerichts *Dal Bhat* (Reis und Linsen) verantwortlich, das es zweimal täglich gibt, und sie kümmern sich um den Unterricht und die Erziehung der Kinder ihres Dorfes. Die gemeinschaftliche Kindererziehung trägt zum Wohlstand eines Stammes bei, und manchmal kann sogar das Überleben einer Familie davon abhängen.

Das Haus der Phuyals liegt hoch an einem sattgrünen Hang. Besucher benötigen ein gewisses Maß an Fitness, um den steilen, zwei Kilometer langen Marsch zu bewältigen, der vom Dorfzentrum hinaufführt. Es ist eine zweigeschossige Lehmhütte mit drei Zimmern und einem Blechdach. Draußen hängt auf einer kleinen Holzveranda Getreide zum Trocknen. In diesem Bereich versammelt sich die Familie, um alte Geschichten an jüngere Generationen weiterzureichen und um zu tratschen, während man Zuckerrohr kaut. Eine schmale erhöhte Plattform dient tagsüber als Sitzplatz und nachts als Bett.

Die Decken im Haus sind höchstens einen Meter zwanzig hoch; man muss sich bücken, um es zu betreten. Mangels Strom herrscht Dunkelheit vor, und die Wände sind vom Rauch unzähliger Holzfeuer verrußt. Im Erdgeschoss befindet sich der etwa drei Meter sechzig mal drei Meter dreißig große Gemeinschaftsbereich, der als Esszimmer benutzt wird. Eine schmale Holztreppe führt nach oben, wo zwei enge Abteile Platten enthalten, die als Betten verwendet werden. Wie es ihr als Matriarchin zusteht, sucht sich Hari Prem aus, in welcher Kammer sie schläft, und hat eine Aussicht auf das Tal. Radhikas Mutter, Vater, Bruder und Schwester teilen sich die andere Kammer und die Plattform vor dem Haus.

Möbel oder Dekor gibt es nicht. Die Phuyals benutzen kleine Holzblöcke als Stühle. Der einzige Luxus, den sie sich gönnen, sind einige Töpfe und Kochutensilien sowie Wolldecken, mit denen sie sich gegen die kalten Wintermorgen und -nächte schützen.

In einem an den Gemeinschaftsraum angrenzenden Pferch sind zwei Ziegen und eine Kuh untergebracht. Sie versorgen die Phuyals mit Milch, Käse und Joghurt und werden dementsprechend geschätzt. Die meisten Einwohner von Kavresthali haben zumindest eine Kuh oder Ziege. Dass die Phuyals gleich drei Tiere besitzen, hebt sie im Rang etwas über eine durchschnittliche Dorffamilie.

Ein Standrohr draußen im Hof versorgt den gesamten Haushalt mit Wasser aus den Bergen, und ein kleines Spinatbeet liefert eine grundlegende Zutat für die häufigste Mahlzeit – *Dal Bhat*.

Trotz der bescheidenen Lebensumstände gehört Radhikas Familie der höchsten Stufe des hinduistischen Kastensystems an. Die Phuyals sind Brahmanen, Angehörige der Priesterkaste, die dem Glauben nach aus dem Mund des Brahma hervorgegangen sind, des hinduistischen Gottes der Schöpfung. Darunter folgen im System die Kshatriyas, die Klasse der Krieger oder Fürsten, entstanden aus Brahmas Armen. Die Vaishyas sind Händler oder Handwerker aus Brahmas Hüfte, und die Shudras – die niedrigste Kaste – sind ungelernte Arbeiter oder Tagelöhner aus Brahmas Füßen. Zu guter Letzt gibt es die Unberührbaren, die unterste Schicht der traditionellen hinduistischen Gesellschaft, die außerhalb des Kastensystems liegt. Angehörige der höheren Kasten betrachten die niederen Kasten als rituell unrein – obwohl der bedeutende spirituelle Vordenker Mahatma Gandhi das anders sah und sie als »Harijan« bezeichnete, als »Kinder Gottes«.

Jemanden aus einer anderen Kaste zu heiraten, kommt gesellschaftlichem Selbstmord gleich und hat drastische Konsequenzen bis hin zum Verstoß aus der Familie – ein herber Schlag in einer Gesellschaft, in der Familie und Kaste entscheidend für das Überleben sind.

Als Brahmanen sind die Phuyals ausgesprochen stolz auf ihre Abstammung. Wenngleich einige andere Familien in Kavresthali derselben Kaste angehören, gelten die Phuyals als anders und stechen durch ihre Matriarchin, Hari Prem, hervor.

Diese bemerkenswerte Frau ist kaum einen Meter zwanzig groß, doch was ihr an Körpergröße mangelt, macht Hari Prem mühelos durch Temperament wett. Die Phuyals und andere Dorfbewohner achten sie wegen ihres Alters und ihrer Erfahrung. Hari Prems Gesicht ist durch mehr als ein Jahrhundert unter der nepalesischen Sonne verrunzelt – aber jede Furche erzählt eine eigene Geschichte. In ihren stechenden blauen Augen funkelt ein Lebensgeist, der sie jünger wirken lässt, als sie ist.

Im Gegensatz zu ihrer sanftmütigen Enkelin Radhika ist Hari Prem direkt und quirlig. Sie verkörpert stets den Mittelpunkt familiärer Diskussionen und legt die Regeln für alles fest, von der langfristigen Finanzplanung bis hin zum Speiseplan. Wer ihr widerspricht, den bringt sie dazu, seine Meinung zu ändern. Besonders unverblümt ist sie, wenn es um ihre Rolle in der Familie Phuyal geht. Auf den Punkt gebracht: Ohne sie würde die Familie auseinanderbrechen.

Hari Prem hat sechs Kinder auf die Welt gebracht, aber nur drei haben überlebt. Ihr Zweitgeborener ist Radhikas Vater Ramprasad, mittlerweile 65 Jahre alt. Ramprasad ist ein liebenswürdiger, zurückhaltender Mann, der schon in jungen Jahren eine ausgeprägte Liebe zum Land erkennen ließ. Somit war es nur natürlich, dass er Bauer wurde. Hari Prem war immer wichtig für das Leben ihres Sohnes, und auch als er erwachsen wurde, hatte sie entscheidenden Einfluss auf die meisten bedeutenden Dinge in seinem Leben, auch auf die Ehe mit Radhikas Mutter Maiya.

Maiya, eine Schönheit aus der näheren Gegend und ebenfalls von Brahmanen-Herkunft, war – und ist – in jeder Hinsicht perfekt für Ramprasad. Das Paar bestellt zusammen das Land und führt den kleinen Haushalt in harmonischer Verbundenheit. Ungeachtet der Jahre und rauen Lebensumstände zeigt sich Maiyas Schönheit immer noch in ihren fein geschnittenen Wangenknochen und schokoladenbraunen Augen. Mit großer Würde bestreitet sie den Hin- und Rückweg zwischen den Feldern und ihrem Haus und bewältigt die schier endlosen Haushaltspflichten, ohne sich zu beklagen.

Radhika hat die schlanke Statur und den bemerkenswerten Knochenbau ihrer Mutter geerbt, charakterlich jedoch ähnelt sie vor allem dem Vater. Die beiden besitzen dasselbe vertrauensselige Wesen und lieben nichts mehr, als nebeneinander mit untergeschlagenen Beinen vor dem Familienheim zu hocken und Zuckerrohr zu schälen.

Die fünfunddreißigjährige Parvati Khatiwada ist die erstgeborene Tochter und hat die ausgeprägte Schönheit ihrer Mutter geerbt. Sie ließ ihre ländliche Herkunft hinter sich, als sie eine arrangierte Ehe mit Sri Ram Khatiwada einging, dem Besitzer einer Taschenfabrik, der drei Jahre älter als sie ist. Mittlerweile führt Parvati ein weit städtischeres Leben in Kathmandu. Sie ist stets tadellos gepflegt und bevorzugt leuchtend rote *Kurtas*, die ihre hellbraune Haut und ihr glänzendes, langes schwarzes Haar besonders zur Geltung bringen. Sie ist stolz auf ihre einwandfreien Manieren und tritt sehr selbstsicher auf. Wenn sie mit Kitten-Heel-Absätzen und den Armen voller bunter Reifen durch die Straßen von Kathmandu schreitet, strahlt sie beneidenswerte Eleganz aus.

Parvati ist neun Jahre älter als Radhika und stand ihrer jüngeren Schwester nicht besonders nah, als beide Kinder waren. Seit Radhikas Erlebnissen in Indien jedoch hat sich das geändert, und das Verhältnis der beiden Frauen ist ausgesprochen gut.

Sabita (Rimal) ist die zweitälteste Tochter und mit neunundzwanzig nur drei Jahre älter als Radhika. Sie hat einen Bauern geheiratet und lebt unweit des Familienheims in ähnlichen Verhältnissen wie jenen, in die sie hineingeboren wurde.

Radhikas kleinere Schwester, Nani Maiya Phuyal, ist sechs Jahre jünger als sie und wohnt noch bei den Eltern. Sie äußert die »moderne« Absicht, nicht in absehbarer Zukunft heiraten zu wollen. Ob Radhikas Erfahrungen etwas mit Nanis Einstellung zu tun haben, darüber lässt sich streiten.

Radhikas Bruder, Balkrishna Phuyal, ist mit fünfzehn das Nesthäkchen der Familie. Ungeachtet dessen wirkt er älter, als er ist, und trägt die Bürde der Verantwortung als einziger Sohn und Erbe des Familiengehöfts mit Würde. Allerdings war Balkrishna nicht immer der einzige Sohn. Die Phuyals hatten einen weiteren Jungen namens Radhakrishna, der elf Jahre älter als Parvati war. Trotz des Altersunterschieds zwischen Radhika und ihrem ältesten Bruder ist er der Mensch, dessen Abwesenheit den wohl größten Einfluss auf Radhika und das haben sollte, was ihr später im Leben widerfuhr. Radhakrishna löst immer noch tief empfundene Emotionen in der jungen Frau aus – und Schuldgefühle.

»Radhakrishna … hat mich geliebt«, erinnert sich Radhika. »Er hat mich in dem Flechtkorb, den wir für das Gras zum Füttern unserer Tiere benutzt haben, überallhin mitgenommen. Ich habe ihn vergöttert, und er hat mich über alles geliebt. Eines Tages, als er siebenundzwanzig und ich etwa sieben war, stiegen wir zusammen auf einen Hügel, um Gras zu mähen. Er stolperte, fiel über den Rand eines Abgrunds und starb. Ich rannte nach Hause, um es meinem Vater zu erzählen, aber er wollte mir einfach nicht glauben. Ich musste ihn förmlich zu dem Hügel schleifen. Das Erlebnis hatte mich so traumatisiert, dass ich es bald völlig verdrängte.

Nachdem mein Bruder eingeäschert worden war, hatte ich das Gefühl, mein Glaube an alles Spirituelle sei erloschen. Natürlich war sein Tod nicht meine Schuld, trotzdem dachte ich unweigerlich, ich hätte vielleicht etwas tun können, um zu verhindern, dass er abstürzt.

Danach wollte ich es für meine Familie besser machen, wollte das aufwiegen, was passiert war. Vor dem Unfall waren wir eine glückliche Familie, und das Haus war von Licht und Gelächter erfüllt. Aber dann war es damit vorbei. Meine Mutter bekam zwar noch weitere Kinder, doch nach dem Verlust des erstgeborenen Sohnes verlor mein Vater lange Zeit das Interesse am Leben.«

Das mag bis zu einem gewissen Grad erklären, weshalb sich niemand mehr richtig um Radhikas Ausbildung kümmerte. Im Alter von zehn Jahren endete diese praktisch, obwohl Radhika davon träumte, weiterzulernen.

»Ich war jeden Morgen so stolz, in meiner Uniform – einem himmelblauen Hemd und Rock – den Hügel hinunterzulaufen. Aber meine älteren Schwestern waren von zu Hause fortgegangen, um zu heiraten, meine Mutter hatte ein Herzleiden, und mein Vater konnte den Hof kaum noch instand halten. Da fiel die Bürde, ihm zu helfen, auf mich, und ich musste meine Ausbildung abbrechen.

Ich half meiner Mutter im Haushalt und meinem Vater bei der Landwirtschaft. Ich war zu beschäftigt, um mich auf die Schule zu konzentrieren. Zum Glück hatte ich lesen gelernt. Wann immer ich im Dorf eine alte, herumliegende Zeitung fand, sah ich mir alle Seiten an und las über berühmte indische Schauspielerinnen und Schauspieler, die in Bollywood-Filmen auftraten. Ich fand sie faszinierend.«

Nur vier Jahre später sollte Radhika im Alter von vierzehn Jahren auf einer stark frequentierten Straße in Kathmandu Spinat verkaufen, um zum Auskommen ihrer zwar gesellschaftlich hochrangigen, aber extrem armen Familie beizutragen. Als gut aussehendes Mädchen, völlig allein in der Stadt, bot sich Radhika perfekt für Menschenhändler an, die darauf geschult werden, ungebildete und arglose Opfer aufzuspüren.

Aber wie kam es dazu?

*

Dieselbe uralte Vermählungstradition, die seit Jahrhunderten das Leben nepalesischer Frauen vorgibt und beherrscht, zwang letztlich auch Radhika in eine beunruhigend moderne Welt. Selbst heute noch wird von einem Mädchen erwartet, dass es eine arrangierte Ehe mit einem geeigneten Anwärter eingeht, sobald sich sowohl seine Familie als auch die des künftigen

Bräutigams einig sind. Allerdings ist eine Vermählung keine einfache Angelegenheit. Insbesondere Mädchen müssen eine lange Liste von Bedingungen erfüllen, bevor sie als akzeptabel für eine Ehe betrachtet werden. Ihre Eignung hängt nicht nur davon ab, wo die Familien im Kastensystem stehen – einer der Hauptfaktoren, den die Phuyals zu berücksichtigen hatten –, sondern auch von anderen Dingen wie gesellschaftliches Ansehen, Beruf, Name, Tönung der Haut, Schönheit und sogar vom Alter.

Natürlich hat eine gute Ehe – das höchste Ziel jeder Familie mit Töchtern – einen enormen Preis, der das, was sich die Familie der Braut (die für gewöhnlich die Zeche bezahlt) leisten kann, bei Weitem übersteigt. Die Mitgift, also das Geld und die Besitztümer, die der Familie des Bräutigams von der Familie der Braut überreicht werden, ist das kritischste Thema. Es ist entscheidend, dass die Familie der Braut nicht das Gesicht verliert. In vielen Fällen nimmt sie gewaltige Schulden auf sich, um die Mitgift aufzubringen, und manchmal verarmt sie dadurch – so wie Radhikas Familie.

In Nepal heißt die Mitgift *Daijo*, in Indien *Daheij*, und die Abmachung ist nicht verhandelbar. In traditionellen Gemeinschaften kann die Eheschließung erst erfolgen, nachdem die finanziellen Angelegenheiten beigelegt wurden.

Der gesellschaftliche Status einer Familie verbessert sich dem Vernehmen nach erheblich, wenn sie eine hohe Mitgift aufbringen kann. Finanziell schwache Familien, die sich den erforderlichen Betrag nicht leisten können, nehmen häufig Darlehen und manchmal Hypotheken auf ihren Landbesitz auf. Es gibt zahlreiche Beispiele für wohlhabende Väter, die durch die Bezahlung der Mitgift für alle ihre Töchter an die Familien der künftigen Ehemänner völlig mittellos wurden. Noch schwerer wiegt, dass viele Frauen entsetzliche mentale und körperliche Folterungen ertragen müssen, wenn es ihren Familien nicht gelingt, die versprochene Mitgift oder den von den Familien ihrer Ehemänner geforderten Betrag aufzubringen. In extremen Fällen wurden Frauen als Vergeltung für eine unbezahlte Mitgift schon bei lebendigem Leib verbrannt. Die Mitgift ist also für Ehearrangements von größter Bedeutung.

Radhikas Familie war finanziell besonders verwundbar. Die Phuyals bestritten eine bescheidene Existenz, indem sie hart als Bergbauern im Himalaja-Gebiet arbeiteten und Erzeugnisse wie Spinat, Erbsen und Kürbis auf ihrem kollektiven Ackerland anbauten.

Ihr Auskommen und Wohlergehen hing stark von den Elementen und davon ab, wie gut die jährliche Ernte ausfiel. Sie hatten schon damit zu kämpfen, Radhika und ihre Geschwister zu ernähren, doch ihnen war auch bewusst, wie wichtig es war, Parvati, ihre älteste Tochter, gut unterzubringen, vor allem in einer Familie mit mehreren Töchtern und nur einem Sohn. Parvati war ein selten schönes Mädchen, aber gutes Aussehen allein garantiert keinen guten Ehemann. In den meisten Fällen zählt das Geld. Und genau das sorgte für eine unerhörte Belastung für die Familie Phuyal.

»Meine Eltern waren gezwungen, ein Darlehen von unserem Dorfkollektiv aufzunehmen, um die Mitgift meiner Schwester Parvati zu finanzieren, als sie eine arrangierte Ehe einging«, erinnert sich Radhika.

»Wir bekamen dadurch zu Hause schwere finanzielle Probleme. Als es sich meine Mutter und mein Vater nicht mehr leisten konnten, das geliehene Geld zurückzuzahlen, drohte das Kollektiv, uns unser Haus wegzunehmen.

Wir sind zwar arme, aber angesehene Mitglieder der höchsten Brahmanenkaste der hinduistischen Gesellschaft. Ich konnte es nicht ertragen, mit anzusehen, wie sich meine Eltern abschufteten und trotzdem gedemütigt wurden. Deshalb verließ ich mit vierzehn zu Fuß unser Dorf und lief drei Stunden lang zur nächsten Bushaltestelle.

Ich stieg in den Bus nach Kathmandu und nahm mir für 500 nepalesische Rupien (NPR; etwa 5 Euro) pro Woche ein Zimmer in Khusibu, im Bezirk Balaju der Stadt. Ich fing an, die Familienernte am Fluss zu verkaufen.

Damit verdiente ich pro Woche um die 1 000 NPR (etwa 10 Euro), und natürlich schickte ich den Gewinn nach Hause. Allmählich beruhigte sich alles und wurde normal. Mir schien das Leben perfekt zu sein.«

Es gibt in Kathmandu kaum einen Ort, der das Nebeneinander von Schönheit und Armut besser demonstriert als Balaju. Das einstige Dorf im Norden von Kathmandu gilt mittlerweile als etablierter Industrievorort der nepalesischen Hauptstadt. Der Mahendra Park von Balaju ist beliebt bei Einwohnern, die sich den Luxus von Picknicks und Freizeit leisten können. Für die meisten Menschen jedoch ist der Ort ein dicht bevölkerter, staubiger Betonschmelztiegel von Nepalesen auf der Suche nach einem besseren Leben.

Jeden Morgen bauen hier Hunderte Händler in bunten *Kurtas* Stände entlang des Bishnumatis auf. Nachdem sie sanft die

Hände gefaltet und den traditionellen Hindu-Gruß »Namaste« gesprochen haben – was wörtlich bedeutet: *Ich verneige mich vor dir* –, bekriegen sie sich und kämpfen verbissen darum, eine Fülle von Waren zu verkaufen, die von Affen bis hin zu Geschirrtüchern reicht. Auf großen Flechtmatten liegt unter freiem Himmel ein buntes Gemisch von Obst und appetitlichem Gemüse nebeneinander, das darauf wartet, von anspruchsvollen Kunden in Augenschein genommen zu werden.

Auch Radhika zog es nach ihrer Ankunft in der Stadt dorthin. Ihre natürliche Schönheit und ihre stille Art erregten auf Anhieb die Aufmerksamkeit sowohl der Standinhaber als auch der Kundschaft. Die nur einen Meter vierundsechzig große, zierliche Radhika wog gerade mal einundfünfzig Kilo. Ihr schulterlanges, glänzendes schwarzes Haar war ordentlich gekämmt und in der Regel zu einem Pferdeschwanz zusammengebunden. Von ihrer Mutter hatte sie den bemerkenswert zarten Knochenbau geerbt, von ihrem Vater die warmherzigen braunen Augen – eine Kombination, die ihre Schönheit schon damals eher interessant als klassisch wirken ließ. Make-up brauchte sie nicht – ihre junge, olivfarbene Haut war trotz der starken nepalesischen Sonne noch makellos und faltenfrei.

Radhikas Aussehen, Alter und sanftmütiges Auftreten trugen zweifellos dazu bei, dass sie sich von den anderen, erfahreneren und aggressiveren Verkäufern abhob und rasch Stammkunden gewann. Nach etwa sechs Monaten in Balaju fiel Radhika zunehmend ein Kunde auf, ein attraktiver Mann Mitte dreißig, der besonders bestrebt zu sein schien, ein gutes Verhältnis mit ihr aufzubauen. Trotz des erheblichen Altersunterschieds fühlte sie sich seltsam zu ihm hingezogen.

Mit sechsunddreißig Jahren war der Mann namens Sanjay Lama etwa so alt, wie es ihr geliebter Bruder Radhakrishna gewesen wäre, hätte er noch gelebt.

Radhika erinnert sich: »Eines Tages kam ein dunkler und gut aussehender nepalesischer Mann am Gemüsestand auf mich zu, nachdem er mich eine Zeit lang beobachtet hatte. Er führte eine höfliche Unterhaltung mit mir, in der er mir den Eindruck vermittelte, er stamme aus einer wohlhabenden Familie. Anfangs kam er danach immer um dieselbe Zeit gegen Mittag, blieb eine Weile und redete mit mir über das Wetter oder den Preis der Dinge auf dem Markt. Dann, nach ein paar Wochen, begann er, mich zu fragen, wie lange ich vorhätte, Gemüse zu verkaufen – wobei er durchklingen ließ, dass ich mein Leben vergeude. Er stellte sich als jemand dar, der mir helfen könne, eine bessere Arbeit zu finden. Und er meinte zu mir, ich solle ihn als ›Angehörigen‹ betrachten und ihm bedingungslos vertrauen.«

Lama präsentierte sich dem jungen Mädchen erfolgreich wie ein mitfühlender großer Bruder in der überwältigend fremdartigen Umgebung der Stadt, in der Radhika niemanden hatte, der sich um sie kümmerte. In Wirklichkeit jedoch war Lama ein erfahrener und berüchtigter Menschenhändler auf der Suche nach seinem nächsten »Opfer«. Sein einnehmendes und fürsorgliches Auftreten gehörte zu einer »Anbahnungstechnik«, die er professionell und präzise umsetzte. Er sah in Radhika, die jüngste seiner zahlreichen Entdeckungen, kaum mehr als ein Stück Fleisch.

Lama hatte Wochen damit verbracht, den betriebsamen Markt nach dem vertrauensseligsten Mädchen vom Land abzusuchen. Nachdem er sich für die mittlerweile fünfzehnjährige Radhika als bevorzugtes Opfer entschieden hatte, gelang es ihm in den folgenden Monaten rasch, sich das Vertrauen des unschuldigen und naiven Mädchens zu erschleichen. Während Lama vorgab, Radhika aus ihrer aktuellen Lage heraushelfen zu wollen, kreisten seine wahren Gedanken um etwas völlig anderes – nämlich darum, wie gut sich Radhika als Lieferantin einer Niere eignen würde, die er brauchte, um den Auftrag seiner nächsten Kundin zu erfüllen.

Organhandel ist ein großes Geschäft in Indien und Nepal, wo Männer wie Lama als Teil eines riesigen Netzwerks agieren, in das Hunderte Handlanger einbezogen sein können. Im August 2008, nach der Verhaftung eines indischen Chirurgen namens Amit Kumar, der als »Dr. Horror« bekannt werden sollte, wurde das Thema ins öffentliche Bewusstsein gerückt. Kumar wurde vorgeworfen, Kopf eines kriminellen Netzwerks zu sein, das mit Nieren aus Gurgaon im nordindischen Staat Haryana mehrere Millionen Dollar erzielte. Man geht davon aus, dass er im Verlauf von neun Jahren über 500 Nieren »gestohlen« hat.

Die Jagd auf Kumar wurde durch eine Razzia der Polizei in einer Klinik in Gurgaon ausgelöst, in der illegale Organtransplantationen durchgeführt wurden. Laut den indischen Behörden wurde eine Gruppe von Kumars Handlangern dafür bezahlt, die Märkte von Old Delhi und Uttar Pradesh zu durchstreifen, um potenzielle »Spender« zu finden. Die ausgewählten Opfer wurden mit falschen Versprechen gut bezahlter Jobs in die Hände der Organhändler gelockt – und wer Widerstand leistete, wurde unter Drogen gesetzt und trotzdem operiert. Die von den »Spendern« erbeuteten Organe wurden für rund 700 Euro gekauft und anschließend für bis zu 22 000 Euro an reiche Inder oder Ausländer weiterverkauft.

Kumar wurde schließlich in einem Versteck in Chitwan aufgespürt, einer Gegend, in der sich Nepals bekanntester Nationalpark befindet. Er wurde nach Indien deportiert und dort zu einer Haftstrafe verurteilt. Man fand bei ihm mehrere verschiedene Pässe mit zahlreichen Identitäten. Allein sein Immobilienbesitz in Gurgaon, Mumbai und Kanada wurde auf etliche Millionen Rupien geschätzt, und er besaß mindestens zwölf Konten bei unterschiedlichen Banken weltweit.

Wenngleich nie eine direkte Verbindung zwischen Lama und Kumar nachgewiesen werden konnte, steht unbestreitbar fest, dass Lama für einen ähnlichen »Paten« des Organhandels gearbeitet hat und dafür bezahlt wurde, in den ärmsten Gegenden der Stadt nach geeigneten »Spendern« lukrativer Körperteile zu suchen.

Radhika war durch ihre Jugend und Unschuld besonders anfällig für Lamas erfahrenen Charme. Da sie im Schoß einer eng verbundenen Familie aufgewachsen war, in der sie von jedem Mann, den sie kannte, innig geliebt wurde, hatte sie keinen Grund zu glauben, dass andere Männer, denen sie begegnete, anders sein könnten. Daher gestaltete es sich für Lama nicht schwierig, diesem sexuell naiven und vertrauensseligen Mädchen ein falsches Gefühl von Sicherheit zu vermitteln. Er spielte die Rolle des »großen Bruders« und bot der einsamen Radhika eine Schulter zum Ausweinen.

Schließlich teilte er Radhika mit, dass er für sie eine Arbeit als Haushälterin einer reichen Familie in der Stadt gefunden hätte. Die Vorstellung einer derart radikalen Veränderung ihrer begrenzten Möglichkeiten fand Radhika aufregend. Sie sah darin eine goldene Gelegenheit, mehr zu erreichen als die bescheidene Existenz, die sie mit der täglichen Arbeit auf dem Markt bestritt.

Sofort stimmte sie Lamas Plänen zu. Sie willigte ein, ihn nach Koteshwor zu begleiten, ein betriebsames Geschäftsviertel im Osten von Kathmandu.

»Ich war beeindruckt, als wir bei einem dreigeschossigen Stadthaus ankamen«, erzählt Radhika. »Davor standen zwei Autos und zwei Fahrräder, was den Reichtum und Status der Familie bestätigte, die, wie ich später erfuhr, eine Möbelfabrik besaß.

Lama stellte mich dem Mann, der Frau und den drei Söhnen vor, die Mitte bis Ende zwanzig zu sein schienen. Der jüngste Sohn – Sanjay – hatte offenbar die Dinge in der Hand und stand seiner Mutter besonders nah.

Ich war überwältigt von dem Prunk des Hauses. In den riesigen Zimmern befanden sich wunderschöne Ziermöbel, und ich sah zum ersten Mal einen Fernseher aus der Nähe.

Es war eine völlig andere Welt als die, in der ich aufgewachsen war. In unserem Wohnzimmer zu Hause gab es einen Erdboden, und gelegentlich kamen die Ziegen herein. Jetzt ging ich auf wunderschönen Webteppichen.

Aber am bemerkenswertesten war die Freundlichkeit der Familie. Die Leute luden mich ein, mich zu ihnen zu setzen, und ich aß hungrig das frisch zubereitete Abendessen aus Reis, Curry und *Dal*.

Ich erinnere mich noch, dass ich mich hauptsächlich auf die Mutter konzentrierte, die irgendwie mongolisch wirkte. Sie war Mitte vierzig, mollig und hatte helle Haut. Beim Gehen hatte sie Mühe, und sie litt merklich an Kurzatmigkeit. Sie tat mir leid, und ich war entschlossen, ihr so viel wie möglich zu helfen.

Nach dem Essen ging die Familie schlafen, aber erst, nachdem man mich in mein Zimmer begleitet hatte.

Ich hatte davor noch nie in einem richtigen Bett geschlafen und fühlte mich wie im Himmel.«

*

Am nächsten Tag hielt die Realität Einzug.

Im Verlauf des Vormittags sollte Radhika eine Reihe merkwürdiger und verstörender Ereignisse erleben, doch das Netz, das man um sie gespannt hatte, war so ausgeklügelt, dass ihr nicht einmal in den Sinn kam, infrage zu stellen, was ihr widerfuhr. Die erste Begebenheit erfolgte beim Frühstück, zu dem Radhika von der Familie eingeladen worden war. Radhika wurde aufgefordert, sich für eine Fahrt in die Stadt mit der Familie vorzubereiten. Das junge Mädchen nahm an, sie würden zum Einkaufen gehen, vielleicht zum Markt, um Gemüse zu besorgen. Stattdessen wurde sie nach kurzer Fahrt in ein seltsames, modernes Gebäude geführt – eine Klinik, wie sich herausstellte. Dort wurde von ihr verlangt, Blut- und Harnproben abzugeben. An der Stelle ertönten Alarmglocken in ihrem Kopf, doch als sie sich erkundigte, wofür die Tests seien, versicherte ihr die Familie, es handle sich um reine Routine. Die Untersuchung solle lediglich sicherstellen, dass Radhika gesundheitlich tauglich dafür war, für sie zu arbeiten. Radhika hatte keine andere Wahl, als das zu glauben. Warum hätte sie etwas anderes denken sollen?

»Ich hatte mich noch nie zuvor für eine Stelle beworben, geschweige denn für eine richtige Arbeit in der Stadt. Ich sagte mir, dass so etwas wohl jeder tun muss«, erklärt sie. »Nach ein paar Stunden lagen die Ergebnisse vor, und ich war erleichtert, als man mir sagte: ›Alles in Ordnung – du kannst bleiben.‹«

Jegliche Restzweifel, die Radhika vielleicht noch gehabt haben mochte, wurden zerstreut, als man nach dem Klinikbesuch mit ihr zum Einkaufen ging – nicht Gemüse, sondern Kleidung. Zum ersten Mal in ihrem Leben hatte Radhika das Gefühl, so behandelt zu werden, wie die Bollywood-Stars, die sie bewunderte. Ihre neue »Familie« nahm sie in eine Reihe kleiner Boutiquen mit und kaufte für sie zwei fein geschneiderte *Salwar Kurtas* und zwei Paar Jeans.

Radhika hatte Jeans davor nur an Bollywood-Filmstars auf den herausgerissenen Seiten gebrauchter Klatschmagazine gesehen, die manchmal in der Nähe des Marktes auf der Straße herumlagen. Während sie in der Boutique vor dem Spiegel stand, fuhr sie mit den Händen über die Konturen ihrer mit Jeans bekleideten Schenkel und staunte über das Bild der Fremden, die sie vor sich sah, und darüber, wie weich sich der tiefblaue Jeansstoff anfühlte. Die Hose war so völlig anders als alles, was sie bisher getragen hatte. Gewiss war dies ein Zeichen dafür, dass sie in der Welt vorwärtskam, oder?

Und sie bekam nicht nur neue Kleidung, sondern auch Kosmetik! Zum ersten Mal in ihrem Leben besaß sie eigenes Make-up. Sie liebte den Geruch der fein parfümierten Zitrusseife und des luxuriösen, aus Kokosnussöl hergestellten Shampoos. Ihre neuen Toilettenartikel überstrahlten bei Weitem das einfache Kajal, das kalte Wasser, die Hennapaste und das schlichte Joghurt, mit dem sie sich früher gepflegt hatte.

Aber wie sollte sie solche Freundlichkeit je vergelten? Natürlich konnte sie ihren großherzigen Arbeitgebern durch harte Arbeit ihre Wertschätzung zeigen, doch das schien kaum angemessen als Gegenleistung für derartige Großzügigkeit. Was konnte sie ihnen sonst noch bieten? Radhika dachte angestrengt darüber nach. Sie hatte nichts anderes, was sie ihnen geben konnte.

Sie kehrte mit dem festen Entschluss zu der beeindruckenden Residenz der Familie zurück, sämtliche Zimmer gründlichst zu putzen. Allerdings blieb dafür keine Zeit. Die Familie hatte bereits andere Pläne. Eine Reise stand an, und Radhika sollte mitkommen.

»Ich wurde aufgefordert, alles einzupacken, was sie mir gerade gekauft hatten, abgesehen von einem besonders schönen *Salwar Kurta,* den ich anziehen sollte. Sie sagten mir, am nächsten Morgen würden wir zusammen in Urlaub fahren … irgendwohin nach Indien. Aber das genaue Ziel haben sie mir nicht verraten.«

*

Obwohl Indien direkt hinter Nepals Grenze liegt, ist es für Mädchen wie Radhika ein exotisches, fernes Land – eigentlich wie ein anderer Planet.

In Radhikas Träumen spielte es auf jeden Fall eine große Rolle. In ihrer Fantasie lebten in Indien nur wunderschöne Bollywood-Heldinnen und -Helden in einer der atemberaubendsten Umgebungen der Welt, nämlich jenen Landschaften, die Radhika auf Filmpostern so bewundernd angestarrt hatte. Dem jungen Mädchen kam nie der Gedanke, dass Indien in vielerlei Hinsicht Nepal ähneln, eine dunklere als die auf Zelluloid gebannte Seite haben und von denselben sozialen und wirtschaftlichen Problemen geplagt werden könnte wie ihr Heimatland.

Aber selbst wenn es ihr durch den Kopf gegangen wäre, hätte es eine Rolle gespielt? Immerhin würde Radhika Phuyal nach Indien reisen. Wer hätte das je für möglich gehalten?

Und so lächelte Radhika unentwegt, als sie früh um sieben an einem kalten, aber sonnigen Wintermorgen zu ihren neuen Arbeitgebern und deren Kindern in ein altes Fiat-Taxi stieg. Sie fuhren zum Naya-Busbahnhof, der Hauptverkehrsdrehscheibe für Fernfahrten in Katmandu.

Mit wachsender Verwunderung und großen Augen betrachtete Radhika die bunte Mischung aus Einheimischen und Touristen, die sich den Weg durch erstickende Dieseldämpfe bahnten, um die überfüllten Fahrzeuge zu besteigen oder zu verlassen, die sie zu neuen Horizonten brachten.

Mittlerweile war es fast zwei Jahre her, seit sie zum ersten Mal ihr kleines Dorf verlassen hatte, um in den Bus nach Kathmandu zu steigen, und jene Erfahrung war völlig anders gewesen als die neue. Damals hatte sie sich allein und ängstlich gefühlt, sich davor gefürchtet, wie sie in der großen Stadt den Lebensunterhalt bestreiten sollte. Nun war sie gerade sechzehn geworden und im Begriff, eine viel größere Reise anzutreten, in der sie buchstäblich Grenzen überschreiten würde, und zwar nach *Indien*. Sie konnte vor Aufregung kaum an sich halten.

Radhika beobachtete, wie ein Mann auf sie zukam und sich der kleinen Gruppe anschloss. Murari Pariyar wurde ihr von ihren neuen Arbeitgebern als Freund der Familie vorgestellt und war mit Mitte zwanzig etwa so alt wie deren Söhne. Der kleine, schlanke Mann mit langem Haar tauschte mit Radhikas Arbeitgebern Höflichkeiten aus, und bald darauf bestieg die Gruppe einschließlich Pariyar den Bus. In dem überfüllten Fahrzeug mit dreißig Sitzen nahm Radhika jeden Anblick, jeden Geruch, jedes Geräusch auf, genoss jeden Moment – sogar die Unbequemlichkeit des Busses empfand sie als schieres Vergnügen.

Sie hatte viel Zeit, alles auf sich wirken zu lassen. Es sollte beschwerliche zwölf Stunden dauern, bis das veraltete Fahrzeug sein Ziel erreichte – Birganj in der Region Terai im südlichen Nepal an der Grenze zu Indien. Für Radhika verging die Zeit wie im Flug.

Birganj ist ein nettes Grenzstädtchen im Süden Nepals, hundertneunzig Kilometer westlich von Kathmandu und nur zwei Kilometer nördlich der Grenze zum indischen Staat Bihar. Der Ort gilt als Tor nach Nepal und hat eine Einwohnerzahl von knapp über 112 000.

Durch seine Zigarettenproduktion, Fischzucht und Zuckerindustrie ist er ein bedeutendes Wirtschaftszentrum in Nepal und bekannt für seinen Handel mit Indien.

Bei der Ankunft in der Stadt blickte Radhika durch die zerkratzte Scheibe des Busses und verrenkte sich den Hals, um die von Menschen wimmelnde Umgebung zu betrachten, die sich vor ihr auftat. Sie sog die Atmosphäre des Wohlstands in sich auf, in der selbstbewusste Geschäftsleute durch die staubigen Straßen stolzierten, während unzählige blaue Laster ihre Fracht durch den Smog hin- und hertransportierten.

Sie konnte kaum ihre Freude darüber bändigen, diesen neuen Ort zu besuchen – den ersten von vielen, hoffte sie. In jenem Moment hatte Radhika das Gefühl, die Welt sei ihre Auster, aus der sie sich nur die Perle zu nehmen brauchte. Nun sei alles möglich, dachte sie bei sich. *Alles*.

Sie folgte der Familie, als diese ausstieg und Vorbereitungen für den nächsten Abschnitt der Reise traf, die vergleichsweise kurze, vierundfünfzigminütige Fahrt zur indischen Grenze.

Radhikas Aufregung wuchs mit jedem Moment, als die Landschaft an ihr vorbeizog.

Dann fiel ihr Blick zwischen dem Geflecht der Reisfelder auf etwas, das wie ein Bahnhof aussah, und auf ein Schild mit der Aufschrift GRENZE. Sie waren fast da. Indien lag unmittelbar hinter jenem Schild.

Radhika bestieg einen alten blauen Zug und nahm auf einem gemütlichen Sitz neben ihrer Arbeitgeberin Platz. Der Gatte der Frau blieb im selben Abteil, während sich Pariyar und ihre Söhne in ein angrenzendes setzten.

Radhika sah sich um, nahm die Eindrücke ihrer Umgebung in sich auf. Der Innenraum des Abteils war hellblau. Die Farbe beruhigte Radhika und schien irgendwie die Temperatur der stickigen Luft zu senken. Allerdings half das nicht gegen den schalen Currygeruch, der sich in der Velourspolsterung der Sitze eingenistet hatte, aus der an manchen Stellen bereits der Metallrahmen hervorlugte. Radhika war das alles egal – die Reise, die gleich beginnen sollte, würde ihr Leben verändern. Sie wusste es einfach.

In einem Zustand von Euphorie war Radhika überzeugt davon, dass alles, was weiter geschehen würde, nur positiv sein könne. Sie hielt sich für das glücklichste Mädchen auf der Welt. Besser konnte das Leben nicht mehr werden.

»Ich weiß nicht mehr, wer, aber irgendjemand aus der Familie bot mir eine verlockend kühle Cola an. Meine Kehle war wie ausgedörrt, und meine Lippen waren so trocken, dass ich sie gierig hinunterstürzte.

Ich erinnere mich noch, dass ich dachte, wie gut sich das Getränk anfühle, weil es so kalt war und meinen Durst löschte.

Danach schlief ich ein und verlor für sehr lange Zeit das Bewusstsein.«

Schreckliches Erwachen

Radhikas Lider fühlten sich schwer an. Mühsam versuchte sie, sich daran zu erinnern, was geschehen war, als sie die Augen aufschlug und in dem jähen grellen Licht heftig blinzelte.

Die Sonne? Das würde Sinn ergeben. Radhika erinnerte sich. Sie war mit ihren neuen Arbeitgebern auf Urlaub.

Aber als das Gleißen nachließ und sie sich allmählich an die Helligkeit gewöhnte, nahm ihr Blick weiße Wände wahr. Ihre Handflächen spürten gestärkte Laken, und sie atmete den unverkennbaren Geruch von Chemikalien ein.

Radhika zwang sich zu Konzentration. Wo immer sie war, das konnte kein Urlaub sein. Sie schlief nicht an einem heißen indischen Strand. Die Gerüche, die Geräusche und das Gefühl, das der Ort vermittelte, ließen Radhika erkennen, dass sie sich in einem Krankenhaus befand.

Aber wieso? Hatte sie einen Unfall gehabt?

Alles, woran sie sich erinnern konnte, war, dass sie mit ihren neuen Arbeitgebern im Zug gesessen hatte. Was war seither mit ihr geschehen?

Wenn sie sich doch nur erinnern könnte.

Aus dem Augenwinkel nahm sie eine Bewegung wahr. Ein Mann geriet in Sicht. Ein Arzt? Nein ... *Murari Pariyar.*

Einige Sekunden war sie vor Angst buchstäblich wie gelähmt. Sie konnte sich nicht richtig konzentrieren, ihr Verstand war benebelt. Krampfhaft versuchte sie zu begreifen, was mit ihr passierte. Träumte sie etwa? Hatte sie einen Albtraum? In einer Minute war sie noch im Zug auf der Reise zum Rest ihres Lebens, in der nächsten fand sie sich hier wieder, wo dieser fremde Mann über ihr aufragte, auch wenn er ein Freund ihrer Arbeitgeber sein mochte. Aber wo steckten diese eigentlich? Radhika sah sich in dem Raum um, konnte sie jedoch nirgends entdecken.

Sie versuchte zu sprechen, brachte aber kein Wort heraus. Ihr Mund fühlte sich ausgetrocknet an, ihre Zunge taub. Verzweifelt schluckte sie und presste flüsternd durch aufgesprungene Lippen hervor: »Wo bin ich?« Mit wachsender Panik wiederholte sie: »Wo bin ich?«

Pariyar versuchte sogleich, sie zu beruhigen. Er teilte ihr mit, dass sie im Zug das Bewusstsein verloren habe. Ihre Arbeitgeber seien gezwungen gewesen, sie schnell in ein Krankenhaus bringen zu lassen, wo man Keime in ihrem Blut festgestellt habe. Als Radhika nachhakte und wissen wollte, was für »Keime«, antwortete er nur vage. Das erregte sofort ihren Argwohn.

»Ich mag ungebildet sein, aber ich sah es ihm an den Augen an, dass er log«, schildert sie. »Allerdings fühlte ich mich beinah zu schwach, um zu atmen, geschweige denn, um mit ihm zu streiten.«

Sie sank auf das Bett zurück, da sie selbst die kurze Unterhaltung mit Pariyar erschöpfend fand. Stattdessen bemühte sie sich, ihre Kraft wiederzuerlangen.

Erst später, als Radhika zum ersten Mal versuchte, das Bett zu verlassen, um auf die Toilette zu gehen, offenbarte sich ihr letztlich das ganze Ausmaß des Grauens, das ihr widerfahren war.

Sie war noch sehr schwach und hatte seit einiger Zeit stechende Schmerzen im linken Bauchbereich. Als sie unter das braune Krankenhaushemd fasste, berührten ihre Finger rauen Stoff. Sie zog das Nachthemd hoch und blickte auf einen Verband, der darunter zum Vorschein kam. Selbst die vorsichtigste Berührung dort schmerzte.

Was konnte nur geschehen sein?

In einem unverhofften Anflug von Klarheit begriff sie, dass sie offenbar einer Operation unterzogen worden sein musste. Aber warum, wenn sie Keime im Blut hatte, das überstieg ihren Verstand.

»Ich fühlte mich so schwach, trotzdem nahm ich allen Mut zusammen, um Pariyar und den Arzt anzuflehen, mir die Wahrheit zu sagen. Sie meinten nur, ich solle ins Bett zurückkehren und mich beruhigen«, erinnert sich Radhika.

Die nächsten beiden Monate musste Radhika weiter dasselbe Bett in einem Krankenhaus hüten, das sich, wie sie später durch beharrliches Nachfragen erfuhr, in Chennai (Madras) in Südostindien befand.

Sie war 1700 Kilometer von zu Hause und ihrer Familie entfernt. Und niemand, der ihr nahestand, wusste, wo sie sich aufhielt.

*

Radhika war nicht an Falschheit gewöhnt. Sie stammte aus dem Umfeld einer Gemeinschaft, in der die Menschen ehrlich und einfach waren und weitgehend gemeinsame Ziele und Lebensanschauungen besaßen. Ihre neuen Erfahrungen lagen weit außerhalb von allem, was sie sich je hätte vorstellen können. Daher brauchte sie einige Zeit, um sich die Ereigniskette zusammenzureimen, die sie in das Krankenhausbett in Chennai geführt hatte.

»Ich blieb zwei Monate lang in dem Krankenhaus, ohne einen einzigen Besucher außer Pariyar, der mir regelmäßig Essen brachte.«

Verwirrt flehte Radhika weiterhin den Arzt und die Krankenschwestern an, ihr zu sagen, was mit ihr passiert war. Das gestaltete sich schwierig, da vom Personal niemand Nepali beherrschte und Radhika kein Tamil sprach. Der Arzt und die Schwestern versuchten zwar, mit einer Mischung aus Hindi und Englisch mit ihr zu kommunizieren, doch beides verstand Radhika nicht. Natürlich war es dadurch besonders für den Arzt umso einfacher, schulterzuckend so zu tun, als wüsste er nicht, was die junge Frau ihn fragte.

Auch Radhikas Bewegungsfreiheit war eingeschränkt. Die Krankenschwestern unternahmen zwar Spaziergänge mit ihr, doch es war ihr nicht gestattet, sich im Krankenhaus frei zu bewegen. Allein und verängstigt konnte sie nur abwarten. Die Kontrolle über ihr Leben war ihr entrissen worden. Praktisch war sie eine Gefangene, und bald wurde offensichtlich, dass Pariyar als ihr Kerkermeister fungierte.

Eines Novembermorgens spitzten sich die Geschehnisse zu. Radhika erwachte und spürte die warme Wintersonne, die ihr durch das Fenster ins Gesicht schien. Der Arzt begann seine Visite damit, dass er Radhika aufforderte, sich für das Entfernen ihrer Verbände zu wappnen.

Ohne eine Berührung oder einen Blick der Beruhigung zog er die dicken Mullstreifen ab und legte die Haut darunter frei. Entsetzt starrte Radhika auf die Wundnarbe, die sich wie eine hungrige Python über ihren linken Bauchbereich schlängelte. Sie war etwa dreißig Zentimeter lang, und die Stiche wirkten zornig-rot.

Noch konnte Radhika nicht vollständig begreifen, was mit ihr passiert war. Oder weshalb. Das sollte erst noch kommen.

*

Die gebrechliche »Mutter« des Haushalts, jene Frau, von der Radhika in Katmandu so herzlich aufgenommen worden war, schien nicht mehr so schwach zu sein.

Sie war wirklich krank gewesen, mittlerweile jedoch wieder gesund – dank Radhika, die von der Familie in der Tat gebraucht worden war, wenngleich nicht als Haushälterin. Ihre Verwendung war völlig anders und weit schlimmer. Jung, gesund und allein war Radhika die perfekte Kandidatin für die »Stelle« gewesen – nämlich die einer Nierenspenderin für eine verzweifelte sterbende Frau. Das Einzige, worum niemand gefragt hatte, war Radhikas Zustimmung.

Offenbar hatte Radhika den Höchstpreis dafür bezahlt, dass sie alle Bedingungen der Familie für die richtige Kandidatin erfüllte. Die Freundlichkeit, die neue Kleidung und Toilettenartikel, die sie so dankbar angenommen hatte und die ihr zugleich Kopfzerbrechen bereitet hatten, weil sie nicht wusste, wie sie sich je für die Großzügigkeit der Familie erkenntlich zeigen sollte – all das waren Bestandteile einer berechneten »Bestechung« gewesen, um Radhika in die Klauen der Familie zu locken.

Und Sanjay Lama war alles andere als ihr Freund, sondern von der Familie damit beauftragt worden, eine geeignete »Spenderin« für die Mutter zu finden. Murari Pariyar war angeheuert worden, um dafür zu sorgen, dass die Operation reibungslos verlief. Und sie *war* eindeutig reibungslos verlaufen. Während man Radhika durch Medikamente bedingter Bewusstlosigkeit aussetzte, wurde ihrem Körper eine Niere entnommen und ihrer wohlhabenden Arbeitgeberin eingesetzt, die in einem Operationssaal gleich nebenan wartete.

»Ich war sehr, sehr traurig«, erinnert sich Radhika. »Mein Leben war ruiniert.«

Aber ihre Tortur war noch nicht vorüber.

Radhikas Organräuber behielten ihre »Investition« wachsam im Auge. Schließlich konnten sie nicht zulassen, dass das Mädchen aus dem Krankenhaus geradewegs ins nächste Polizeirevier spazierte. Auf Menschenhandel und Entführung stehen, wenn die Anschuldigungen ernst genommen werden, lange Haftstrafen, sogar in Indien und Nepal.

Abgesehen davon stand viel zu viel auf dem Spiel – ein Geschäftszweig mit Umsätzen in Höhe von mehreren Millionen Dollar. Und mit einem attraktiven jungen Mädchen ließ sich noch mehr Geld verdienen.

So undenkbar es erscheinen mag, Radhikas Albtraum begann gerade erst, auch wenn sie es zu dem Zeitpunkt noch nicht wusste.

*

Radhika blickte aus dem Fenster und versuchte, die Eindrücke des geschäftigen Treibens dieser hektischen neuen Stadt zu verarbeiten, die sich so sehr von ihrem Geburtsort und sogar von Kathmandu unterschied. Sie hatte keine Ahnung, wo genau sie sich befand. Radhika wusste nur, dass Pariyar sie nach ihrer Entlassung aus dem Krankenhaus in eine Wohnung in Chennai gebracht hatte.

Chennai liegt an der Koromandelküste am Golf von Bengalen und hat 4,34 Millionen Einwohner, der Großraum Chennai sogar geschätzte 8,2 Millionen.

Die Stadt wurde im 17. Jahrhundert von den Briten gegründet, einige Teile wie Triplicane und die Außenbezirke sind jedoch fast zweitausend Jahre alt. Nach der Besiedelung entwickelten die Briten Chennai in ein Ballungszentrum samt Marinestützpunkt. Als das 20. Jahrhundert anbrach, war die Stadt zu einem wichtigen Verwaltungszentrum geworden. Heute gilt Chennai als aufstrebender Wirtschaftsstandort in Indien.

Die Stadt verfügt über breit gefächerte Industrie im Automobilbau, im Technologiebereich und in der Hardwarebranche, zudem ist sie ein bedeutendes Zentrum für Musik, Kunst und Kultur in Indien. Außerdem ist die Stadt bekannt für ihre klassischen Tanzaufführungen und historischen Hindu-Tempel. Die tamilische Filmindustrie, die zu den größten Indiens zählt, ist in Chennai beheimatet. Die Soundtracks der von ihr produzierten Filme beherrschen die Musikszene.

Pariyar traf Vorkehrungen für Radhikas Transport in eine vorübergehende Wohnung im Zentrum von Chennai, die von Radhikas früheren Arbeitgebern gemietet wurde.

Während die Patientin bereits heimwärts nach Kathmandu gereist war, um in der luxuriösen Umgebung ihres Stadthauses zu genesen, blieb Radhika zurück, um sich in einer wesentlich bescheideneren Unterkunft von ihrer Tortur zu erholen. Die Wohnung befand sich im zweiten Stock eines dreigeschossigen Gebäudes abseits einer Hauptdurchgangsstraße und war schlicht, aber sauber. Sie bestand aus zwei Zimmern, einem kleinen Wohnbereich und einem Badezimmer.

Für Radhika wurde der Ort zur Hölle. An manchem Morgen, wenn sie auf dem niedrigen Holzbett erwachte und die kahlen weißen Wände erblickte, wähnte sie sich kurzzeitig wieder im Krankenhaus. Allein der Gedanke bewirkte, dass ihr kalter Angstschweiß ausbrach.

*

Letztlich erfuhr Radhika erst einige Tage nach ihrer Entlassung aus dem Krankenhaus, was mit ihr geschehen war. Als es an der Tür klopfte, öffnete sie. Draußen stand ein junger, äußerst blasser Mann. Er sah nicht gut aus, zitterte sichtlich und starrte Radhika nur an. Nach einigen Augenblicken erkannte sie ihn – es war Sanjay, der jüngste Sohn ihrer früheren Arbeitgeber.

Sie spürte, wie sich in ihr Beunruhigung regte. Was jetzt? Zu Beginn des »Urlaubs« war Sanjay mit Radhika und dem Rest der Familie von Kathmandu nach Chennai gereist, danach jedoch war er spurlos verschwunden gewesen – und nun stand er plötzlich auf ihrer Schwelle.

Als Radhika ihm zum ersten Mal begegnet war, hatte sie ihn sehr attraktiv gefunden. Sanjay war Anfang zwanzig und besaß das gute Aussehen eines Bollywood-Filmstars. Mit seinem dichten Schopf glänzenden schwarzen Haars zog er die anerkennenden Blicke der meisten Frauen auf sich, die seinen Weg kreuzten. Früher konnte Radhika verstehen, weshalb – nun fragte sie sich nur noch, was er hier in der Wohnung wollte. Sein Gesichtsausdruck ließ deutlich erkennen, dass er nicht gekommen war, um Höflichkeiten auszutauschen. Sie wartete.

»Er kam in die Wohnung, um mir zu bestätigen, dass ich wegen meiner Niere operiert worden war. Natürlich war mittlerweile offensichtlich, was passiert war, aber im Krankenhaus hatte es mir gegenüber niemand ausgesprochen. Der Arzt verhielt sich immer ausweichend. Ganz gleich, wie oft ich ihn direkt fragte, er gab mir nie eine Antwort. Nun war Sanjay von seiner Familie geschickt worden, um Klarheit zu schaffen. Ich habe keine Ahnung, warum sie ihn ausgewählt haben – vielleicht, weil er der Jüngste war –, aber es kann nicht einfach für ihn gewesen sein.

Er begrüßte mich förmlich, indem er die Hände zusammenpresste, dann erkundigte er sich kurz nach meiner Gesundheit, bevor er fragte, ob er in die Wohnung kommen dürfe. Ich ließ ihn herein, und er setzte sich verlegen auf einen Holzstuhl im Wohnbereich. Er trug ein blau kariertes Baumwollhemd und eine moderne weite Jeanshose. Mir fiel auf, dass er heftig schwitzte, sowohl auf der Stirn als auch unter den Achseln, wo sich große nasse Flecken gebildet hatten.«

Sanjay sagte, es gäbe keine schonende Möglichkeit auszudrücken, dass Radhika ihrer Niere wegen operiert worden war, um das Leben seiner Mutter zu retten. Danach verstummte er, und die Stille schien sich ewig auszudehnen.

»In dem Moment war ich nicht traurig, nicht einmal wütend. Ich fühlte mich nur wie betäubt. Ich glaube, er spürte meine Bestürzung und Niedergeschlagenheit. Unbeholfen verlagerte er auf dem Stuhl das Gewicht. Ich sah ihn an, starrte ihm geradewegs in die Augen und suchte nach einem Hinweis auf seine wahren Gefühle.

Ich erkannte das Glitzern von Tränen, und da wusste ich, dass er Reue für das empfand, was mich seine Familie hatte durchmachen lassen.«

Sanjay spürte offenbar, dass er zu viel von seinen Empfindungen preisgegeben hatte, und wollte seine Mission nur noch so schnell wie möglich erfüllen. Er stand auf, warf Radhika abrupt ein Bündel Banknoten in die Hände und sagte: »Das ist deine Bezahlung.«

Es waren 175 000 NPR (rund 1 750 Euro).

Sanjay fügte hinzu: »Du hast meiner Mutter das Leben gerettet.« Damit verließ er die Wohnung so unverhofft, wie er aufgetaucht war.

Radhika schildert: »Da wusste ich mit Sicherheit, dass seine Familie ein Stück meines Körpers gestohlen hatte. Aber was man mir von außen nicht ansehen konnte, war, dass sie mir auch ein Stück meiner Seele genommen hatten.«

Wie hatte es nur dazu kommen können? Das fragte sie sich unablässig, als sie zu verarbeiten versuchte, was mit ihr passiert war.

All ihre Träume von einer neuen, strahlenden Zukunft lagen zerstört zu ihren Füßen. Am liebsten hätte sie die Tür aufgerissen und wäre hinaus auf die Straße gelaufen, um einen Weg zurück nach Hause zu ihrer Familie zu finden, aber die Operation hatte ihren Tribut von Radhikas Körper gefordert, und sie fühlte sich immer noch äußerst krank und schwach.

Um ihre Niere herauszuoperieren, hatte der Arzt einen dreißig Zentimeter langen Einschnitt vorgenommen, bevor er Muskeln, Fett und Gewebe entfernte. Der Harnleiter, der den Harn von der Niere in die Blase befördert, und die Blutgefäße waren von der Niere getrennt worden, bevor diese zusammen mit Radhikas Nebenniere und einigen Lymphknoten entnommen wurde. Nun hatte sie nur ein Bett zum Schlafen und keine richtige Krankenpflege. Radhika hatte sich noch nie so allein gefühlt.

Einst war sie eine Tochter gewesen, die im Schoß einer traditionellen und liebevollen nepalesischen Familie gelebt hatte. Sie hatte sich immer von ihren Eltern und Geschwistern geliebt gefühlt, wenngleich der Tod ihres Bruders eine schreckliche Leere hinterlassen hatte, die schwer zu füllen gewesen war. Aber nachdem sie ihr Zuhause verlassen hatte, um ihrer Familie zu helfen, Schulden zu bezahlen, die durch die Mitgift ihrer Schwester entstanden waren, hatte Radhika beweisen wollen, dass sie unabhängig sein konnte. Seit ihrer Ankunft in Kathmandu hatte sie keinen regelmäßigen Kontakt mit ihrer Familie unterhalten.

Wie konnte sie in ihr Dorf zurückkehren und ihren Eltern diese schreckliche Geschichte erzählen? Wie konnte sie ihnen beichten, wie naiv sie gewesen war? Was würden sie von ihr denken?

Sie schämte sich zu sehr, um zu gestehen, was ihr widerfahren war. Bereits im Alter von sechzehn Jahren fühlte es sich so an, als wäre ihr Leben vorbei.

*

In Kathmandu waren Ramprasad und Maiya Phuyal außer sich vor Sorge. Während ihre Tochter auf dem Gemüsemarkt gearbeitet hatte, war sie anfangs noch jeden Monat nach Hause auf Besuch gekommen, doch im Verlauf des Jahres hatte das aufgehört. Radhika hatte vage erwähnt, dass ihr eine neue Arbeit als Haushälterin irgendwo in der Stadt angeboten worden war, aber sie hatte nie bestätigt, dass etwas daraus geworden war, und ihre Familie wusste nichts über ihren Verbleib.

Zutiefst besorgt meldeten sie Radhikas Verschwinden der Stadtpolizei, allerdings fiel deren Reaktion, gelinde gesagt, gleichgültig aus. Kathmandu ist eine große Stadt mit über einer Million Einwohnern, und es ist dort einfach für Menschen zu verschwinden, wenn sie es wollen – oder, noch wichtiger, junge attraktive Frauen verschwinden zu *lassen*, wenn man es will. Aber an dieses Szenario wollten Ramprasad und Maiya nicht denken.

Radhikas gesamte Familie begann, die Straßen Kathmandus akribisch nach ihr abzusuchen, und weigerte sich zu glauben, dass das Schlimmste geschehen und sie tot sein könne.

Stattdessen tröstete man sich nach einer Weile mit der Vorstellung, dass Radhika das Land verlassen habe, um ihren Träumen nachzujagen, wie sie es immer gewollt hatte. Die Alternative war schlichtweg unerträglich.

Ein neues Leben

Schließlich befand man Radhika für gesund genug, um die zermürbende tausendsiebenhundert Kilometer lange Zugreise von Chennai in Südindien zurück nach Nepal anzutreten.

Während sie aus dem Waggonfenster blickte, zogen die Ereignisse der vergangenen drei Monate an ihr vorbei. Sie fühlte sich dumm und naiv, als sie sich daran erinnerte, wie aufgeregt sie bei der Aussicht auf einen Urlaub in Indien und den vermeintlichen Beginn eines brandneuen, besseren Lebens gewesen war.

Eine lähmende Niedergeschlagenheit drohte, sie völlig zu überwältigen. Radhika konnte sie nicht abschütteln, und sie gestaltete es unmöglich für sie, klar zu denken. Erschwerend – sofern das möglich war – kam die Anwesenheit ihres Reisegefährten hinzu: Murari Pariyar.

Der Gedanke, dass sie die nächsten vierzig Stunden in der Gesellschaft dieses Mannes verbringen musste, war beinah mehr, als Radhika ertragen konnte. Von ihrer ersten Begegnung an hatte er sie nur belogen oder in die Irre geführt, und sie fürchtete und verabscheute ihn zugleich. Aber Pariyar glich nun ihrem Schatten – er folgte Radhika buchstäblich *überallhin*.

Gedankenverloren ließ sich Radhika die schmerzlichen Ereignisse der vergangenen Monate durch den Kopf gehen. So viel hatte sich geändert, so viel war in ihrem Leben anders geworden, seit Pariyar ihr als Freund ihrer neuen Arbeitgeber vorgestellt worden war. Nach der Operation war bald offensichtlich geworden, dass er wesentlich mehr als das verkörperte. Seine Aufgabe bestand darin, dafür zu sorgen, dass sie nach dem »Spenden« ihrer Niere mit niemandem darüber sprach. Sie war der lebende Beweis für die Operation, die Pariyar und seine Freunde arrangiert hatten, und es war unerlässlich, dass Radhika, wie andere vor ihr, darüber schwieg, was mit ihr passiert war.

Sie versuchte, Pariyar aus ihren Gedanken zu verdrängen. Das Wichtigste war, dass sie nach Hause reiste. Darauf musste sie sich konzentrieren. Doch ganz gleich, wie sehr sie es versuchte, Pariyar war ständig da. Es war schwierig, ihn zu ignorieren. Und das nervende Quietschen seiner billigen Plastikschuhe erinnerte sie unablässig an seine Gegenwart. Es schien beinah so, als trüge er sie eigens zu diesem Zweck.

Radhika zwang sich, die Augen zu schließen, um Pariyar wenigstens nicht sehen zu müssen, und tat so, als schliefe sie.

*

Pariyar musterte das schlafende Mädchen ihm gegenüber eingehend. Sie wirkte müde und blass. Trotz ihrer Jugend und allgemeinen Gesundheit hatten die Operation und der Verlust einer Niere ihren Tribut von ihr gefordert. Sie war fast nicht als das Mädchen wiederzuerkennen, dem er ursprünglich in Nepal begegnet war.

Aber es spielte keine Rolle. Radhika hatte getan, was er von ihr brauchte, und er hatte weitere Pläne mit dem Mädchen. Es gab eigentlich nur eine Möglichkeit, dafür zu sorgen, dass sie Stillschweigen bewahren würde – eine erprobte und bewehrte Methode, die bereits in der Vergangenheit andere Mädchen ruhiggestellt hatte. Pariyar wusste, dass sie bei Radhika ebenfalls funktionieren würde. Lächelnd erinnerte er sich an das »Zitat des Tages«, das er vor einer Ewigkeit in einer nepalesischen Zeitung gelesen und sich seither zu Herzen genommen hatte: *Halte deine Freunde nahe bei dir, aber deine Feinde noch näher.* Nun hatten die Worte eine besondere Bedeutung. Nachdem Radhika getäuscht worden war und dadurch eine Niere verloren hatte, war sie nicht besonders gut auf ihn zu sprechen. Sie konzentrierte sich auf die negativen Aspekte ihrer Lage, statt die positiven Seiten des »Spendens« ihrer Niere zu sehen, von denen es seiner Ansicht nach durchaus einige gab.

Schließlich war Radhika jung genug, um sich von dieser Sache zu erholen, und gesund genug, um mit einer Niere zu überleben. Zudem würde sie nach ihren und ihresgleichen Maßstäben reich sein, da die Empfängerfamilie sie direkt für ihre Dienste bezahlte. Aus Erfahrung wusste er, dass Mädchen wie Radhika für eine Niere in der Regel rund 175 000 NPR (etwa 1 750 Euro) von dankbaren Familienmitgliedern erhielten.

In vielerlei Hinsicht sollte sie ihm dankbar für das sein, was er getan hatte. Diese kleine Operation hatte sie vor bitterer

Armut bewahrt. Der Umstand, dass die betroffenen Mädchen in den meisten Fällen das Geld nicht behalten durften, stand auf einem völlig anderen Blatt, das er wohlweislich ignorierte.

Pariyar musterte Radhika. Selbst in ihrem erschöpften Zustand nach einer schweren Operation war sie ein ausgesprochen hübsches Mädchen. Es war offensichtlich, dass sie eine sehr gute Investition für ihn verkörperte.

Ja, dachte er lächelnd, er hatte Pläne für die kleine Radhika. Pläne, die dafür sorgen würden, dass sie den Mund hielt, und die obendrein noch gewinnbringend sein würden. Sobald sie zurück in Kathmandu wären, würde eine Heirat mit einem Mitglied der Organisation – einem seiner Cousins – sicherstellen, dass sie nicht aus der Reihe tanzte. Und das Geld, das sie bekommen sollte, würde für ihre »Mitgift« mehr als ausreichen. Tatsächlich erwies er ihr einen weiteren Dienst. Immerhin war die Ehe der Traum jedes nepalesischen Mädchens. Und er half dabei, eine Heirat für sie einzufädeln. Er grinste. Alles in allem sollte ihm Radhika Phuyal sehr dankbar sein. Immerhin hatte er ihr Leben völlig verändert.

*

Nach den langen Stunden der Reise erwachte Radhika und stellte fest, dass der Zug schaukelnd zum Stehen kam. Sie war völlig orientierungslos, und bevor sie auch nur blinzeln konnte, hatte Pariyar ihre spärlichen Habseligkeiten gepackt und scheuchte sie aus dem Zug. Sofort wurden sie von der Menschenmenge, den Geräuschen und den Gerüchen verschluckt, die typisch für jeden Bahnhof in Südasien sind. Die bunten Farben der *Saris* und *Kurtas* der Frauen, die durchdringenden Aromen frittierten Essens und überreifer Früchte, der beißende Gestank von Abwasser und das schrille Pfeifen der Lokomotiven vermengten sich und bestürmten Radhikas übermüdeten und überbeanspruchten Verstand.

Nur am Rande nahm sie wahr, dass Pariyar sie durch die Menschenmenge schob und mit der Hand fest ihren Ellbogen umschloss. Sie bekam mit, wie er sie fast beschützend um Hindernisse herumführte, als wären sie Mann und Frau statt Entführer und Opfer. Sie sah, wie er mit jemandem sprach und Geld die Hände wechselte, während Gesprächsfetzen in einer Sprache, die sie nicht verstand, verschwommen in ihr Bewusstsein drangen.

Wie eine von einem Puppenspieler gelenkte Marionette ließ sich Radhika von Pariyar ziehen und schieben und folgte ihm durch die Menschenmassen und den Verkehr, bis sie schließlich auf ein Fahrzeug vor ihr zuging, in dem sie den letzten Abschnitt der Reise nach Kathmandu bestreiten sollte.

Radhika ließ sich auf den dreckigen, zerrissenen Sitz des schäbigen Jeeps sinken, lehnte den Kopf erschöpft an die Fensterscheibe und versuchte, die enormen Ausmaße dessen zu verarbeiten, was ihr in den vergangenen drei Monaten widerfahren war. Mit erst sechzehn Jahren hatte sie bereits mehr Grauen ertragen, als das Schicksal den meisten Menschen in ihrem gesamten Leben zugedenkt. Den Rest der Reise verbrachte sie in einem seltsamen Dämmerzustand und nahm kaum wahr, wie sich die Landschaft veränderte, als das Fahrzeug die Grenze überquerte und Indien hinter sich ließ.

Schließlich, als Nepals atemberaubendes Flickwerk aus bunten Tempeln und üppig grünen Hügeln in Sicht geriet, wurde sich Radhika jäh ihrer Umgebung bewusst, doch die stechenden Schmerzen in ihrer Seite dämpften bald jede Freude über ihre Heimkehr. Einen Moment lang hatte sie die Umstände vergessen, die dazu geführt hatten, dass sie mit diesem Gefährt von Indien nach Nepal reiste.

Als sich Radhika der Stadt näherte, hätte sie eigentlich außer sich vor Freude über die Aussicht darauf sein müssen, ihre Familie wiederzusehen. Sie wusste, dass nach ihrer langen Abwesenheit wahrscheinlich alle krank vor Sorge sein würden. Aber wie konnte sie ihnen in die Augen sehen und zugeben, dass sie so dumm gewesen war? Was würde ihre betagte Großmutter von ihr denken?

Zweifellos hatte sie Schande über ihre Familie gebracht, und vielleicht war es am besten, dass man sie für tot hielt. Kurzfristig brauchte Radhika Zeit und Raum, um zu Kräften und zu klarem Verstand zu kommen. Wenigstens würde ihr die Rückkehr in die vertraute Umgebung ihrer Heimatstadt dabei helfen – zumindest hoffte sie das.

Als der Jeep letztlich sein Ziel erreichte, ließ Radhika mit diesem Vorsatz im Kopf erneut ihren Puppenspieler die Kontrolle übernehmen und folgte ihm, wohin er sie führte.

Zu ihrer Überraschung ging es diesmal zu einer Wohnung, die seiner Schwiegermutter gehörte. Die Unterkunft unterschied sich stark von jener in Chennai, wohin sie von Pariyar gebracht worden war, um sich zu erholen. Es handelte sich um eine Wohnung im obersten Stockwerk eines schlichten Wohnkomplexes in der Nähe des Zentrums von Kathmandu, karg möbliert und reinigungsbedürftig. Zwei ausgebleichte rote Vorhänge im Wohnzimmer stellten den einzigen Versuch dar, den Ort heimeliger zu gestalten.

Anfangs war Radhika noch so schwach und geistig erschöpft, dass sie ihre Umgebung nicht richtig wahrnahm, und es fehlte ihr die Kraft, Pariyar zu fragen, weshalb er sie hierhergebracht hatte. Als sie sich schließlich wieder etwas mehr wie sie selbst fühlte, verbrachte sie die Tage damit, sich darüber den Kopf zu zerbrechen, wie sie ihrer Familie gegenübertreten konnte. Wie sollte sie ihnen nur erzählen, was ihr passiert war? Ihre Familie waren liebevolle und einfache Menschen. Eine Welt, in der Männer junge Mädchen unter Drogen setzten und ihnen ohne ihre Einwilligung die Nieren stahlen, würde ihr Verständnis schlichtweg übersteigen. Tatsächlich begriff es Radhika selbst nicht, wie also sollten sie es je verstehen?

Sie war vor Schuldgefühlen und Scham am Boden zerstört.

Wie hatte sie nur so dumm sein können?

*

Wenige Tage nach ihrer Ankunft in der Wohnung wurde Radhika von den Pariyars einem Mann namens Rajesh vorgestellt. Er besaß helle Haut und langes, dunkles Haar. Radhika fand, dass er recht gut aussah. Trotzdem war sie zutiefst schockiert, als Pariyars Schwiegermutter sie aufforderte, den Mann zu heiraten.

»Ich war völlig perplex. Und natürlich habe ich abgelehnt, allerdings wurde mir klargemacht, dass ich keine Wahl hätte. Die Rituale der Eheschließung wurden mir aufgezwungen.«

Als großer Bollywood-Fan hatte Radhika früher gelegentlich alte Zeitschriften und Zeitungen vom Balaju-Markt mitgenommen, wo sie Gemüse verkaufte.

Stundenlang hatte sie über den Hochglanzbildern wunderschöner Menschen gehockt, die allesamt aus Liebe heirateten und so ihr Leben zum Besseren veränderten. In diesen Märchen genossen die Protagonisten die Freiheit, sich zuerst Hals über Kopf zu verlieben und dann die von ihnen auserwählten Partner zu heiraten. Sie bekamen ihr Happy End. Radhika hatte geglaubt, dass es ihr ebenso erginge, dass sie sich verlieben und dann glücklich bis an ihr Ende leben würde. Sie wusste, dass es möglich war. Sie hatte es mit eigenen Augen gesehen – zugegebenermaßen nur in Zeitschriften.

Radhikas Wirklichkeit jedoch sah völlig anders aus. Sie erinnert sich: »Pariyars Schwiegermutter warf mir einen roten *Sari* zu und befahl mir, ihn anzulegen.

Dann malte mir Rajesh, mein zukünftiger Ehemann, grob einen roten *Sindur** auf die Stirn. Er hatte schlechte Laune und bewarf mich mit roten Perlen und Armreifen.

Ein Hindu-Priester wurde ins Haus gerufen, und ich wurde gezwungen, die Rituale der Eheschließung zu durchlaufen.«

In der Hindu-Religion wird die Trauung gemäß mehreren Tausend Jahre alten Schriften vollzogen. Sie stellt die Vereinigung zweier Seelen (Mann und Frau) und gleichzeitig die Verschmelzung zweier Familien dar und wird daher sehr ernst

* Ein zinnoberrotes Pulver, das verheirateten Frauen auf Stirn und Haaransatz geschmiert wird, jedoch auch Bestandteil des Hochzeitsrituals ist.

genommen. Die eigentliche Zeremonie ist in der Regel extrem aufwendig und detailreich. Sie beinhaltet viele verschiedene Phasen, von denen jede symbolträchtig ist und ihren Ursprung im Altertum hat.

Für gewöhnlich erstreckt sich eine Hindu-Trauung über mehrere Tage. Zu den Praktiken gehört die rituelle Reinigung der Braut und des Bräutigams in ihren Heimen, während ein Priester »Mantras« aus den Veden, den uralten Hindu-Schriften, singt. Bei den verschiedenen Zeremonien kommen bestimmte Elemente zum Einsatz, die für den Bund wichtige Dinge repräsentierten, so zum Beispiel frische Blumen (Schönheit), Kokosnüsse (Fruchtbarkeit), Reis (der für die zur Lebenserhaltung nötige Nahrung steht), Butterschmalz (zum Nähren des heiligen Feuers) und Kumkum oder Zinnober (Glück).

Als ihre eigene Eheschließung mit *Ganesh Sthapana** begann, musste Radhika erneut an die Bollywood-Heldinnen denken, die beeinflusst hatten, wie sie sich ihre eigene ideale Trauung vorstellte. In ihren Träumen sah sich Radhika in einer wunderschönen perlenbesetzten Kreation des indischen Modedesigners Tarun Tahiliani, das Haar prächtig gekämmt, die Hände, Arme, Beine und Füße mit filigranen Hennamustern verziert. Die Wirklichkeit hätte kaum gegenteiliger ausfallen können. Radhika schämte sich und fühlte sich schmutzig, da sie nur den schäbigen, fadenscheinigen roten *Sari*

* Ein Gebet an Ganesh, der mit seiner göttlichen Gnade alles Böse vertreiben und den reibungslosen Ablauf der Zeremonie sowie Glück und Wohlstand gewährleisten soll.

hatte, den Pariyars Schwiegermutter wahrscheinlich bisher getragen hatte, wenn sie zum Markt ging, um Lebensmittel einzukaufen. Allein der *Tilhari*, der zylindrische Goldanhänger mit roter Perlenkette, den Rajesh ihr so grob zugeworfen hatte, den sie nun jedoch um den Hals trug, verlieh der Zeremonie einen Hauch von Feierlichkeit.

Weiter ging es mit *Grah Shanti* (einem an die neun Planeten des Sonnensystems gerichteten Gebet) und *Kanyadaan* (»Weggeben des Mädchens«). Letzteres ist normalerweise einer der emotionalsten Teile der Hindu-Eheschließung, da an dieser Stelle der Vater der Braut – oder in seiner Abwesenheit ein älterer Angehöriger – seine Tochter dem Bräutigam anvertraut und damit das elterliche Einverständnis bekundet. Die rechte Hand der Braut wird dabei auf die rechte Hand des Bräutigams gelegt. Ein Sprechgesang heiliger Verse wird angestimmt, und das Paar tauscht Kränze aus. Der Bräutigam hält die Hand der Braut und gelobt, sie sein Leben lang zu lieben und zu beschützen. In diesem Fall allerdings wurde das elterliche Einverständnis völlig übersprungen. Radhikas Eltern hatten überhaupt keine Ahnung, dass eine Vermählung stattfand. Tatsächlich wussten sie nicht einmal, ob ihre geliebte Tochter noch lebte, wie also hätten sie dieser Eheschließung je zustimmen können?

Radhika war todunglücklich. Zu allem anderen, was sie erlitten hatte, wurde sie nun auch noch gezwungen, einen Mann zu heiraten, den sie gerade erst kennengelernt hatte, obendrein noch ohne den Beistand ihrer Familie und in einer Umgebung, die alles andere als feierlich war. Sie fragte sich, ob die Dinge überhaupt noch schlimmer werden konnten.

Radhika musste noch einige weitere Rituale ertragen. Unter anderen Umständen hätte sie sich darüber gefreut, so jedoch empfand sie es nur als grauenvoll. Sie beobachtete, wie der Priester *Granthi Bandhan* vornahm, wobei ein Vermählungsknoten gewoben wird, der den dauerhaften Bund des Paares als Mann und Frau ebenso symbolisiert wie die Verschmelzung zweier Personen zu einer Einheit. Als Nächstes folgte *Agni Puja,* das Entzünden eines Feuers, das für die Erleuchtung des Geistes, für Wissen und für Glück steht. Der Rest der Zeremonie verläuft rings um dieses Feuer, und Radhika zwang sich, wie ein Roboter ihre Pflichten bei *Shilarohana* wahrzunehmen, wobei die Braut den rechten Fuß auf einen Stein stellt und der Bräutigam sie auffordert, in seinem Haus so unerschütterlich wie der Stein zu sein, damit sie gemeinsam ihren Schwierigkeiten begegnen können.

Schwierigkeiten ... Radhika musste unwillkürlich daran denken, wie gewaltig die *Schwierigkeiten* sein würden, die vor ihr lagen. Die elterliche Zustimmung und Billigung gelten in der nepalesischen Kultur als unerlässlich für eine anständige und erfolgreiche Ehe. Wie konnte ihnen eine solche erzwungene, überstürzte Hochzeit etwas anderes bescheren als Pech?

Der Priester schien von Radhikas Not nichts mitzubekommen. Sie fragte sich, welche Geschichten ihm ihre Häscher aufgetischt hatten, dass er diese Eheschließung mit reinem Gewissen durchführen konnte. Hatte man ihm gesagt, ihre Eltern wären tot oder zu krank, um an der Vermählung teilzunehmen? Oder kümmerte es ihn bloß nicht? Hatte er womöglich eine großzügige Spende erhalten, um die Dinge zu beschleunigen? Wie die Wahrheit auch aussehen mochte, Radhika hatte das Gefühl, keine andere Wahl zu haben, als zwischen den Mantras teilnahmslos seinen Anweisungen Folge zu leisten.

Die Zeremonie setzte sich mit *Laja Homah* fort. Dabei bringt die Braut dem heiligen Feuer Puffreis und Gebete als Opfer dar. Sie betet zu Yama, dem Gott des Todes, auf dass er dem Bräutigam ein langes Leben, Gesundheit, Glück und Wohlstand gewähre. Bei *Mangal Fera* folgte Radhika ihrem neuen Ehemann viermal um das heilige Feuer, ein Sinnbild für die Ziele *Dharma* (»Rechtschaffenheit«), *Artha* (»finanzieller Erfolg«), *Kama* (»Energie und Leidenschaft«) und *Moksha* (»Befreiung«). Und bei *Saptapadi* gingen ihr Bräutigam und sie sieben Schritte um die Flammen, was für die Hindu-Philosophie steht, der zufolge zwei Menschen, die sieben Schritte miteinander gehen, ihr Leben lang befreundet bleiben.

Danach wurden die Rituale intimer und infolgedessen umso verstörender und unangenehmer für Radhika. Bei *Saubhagya Chinha* segnete Rajesh sie, indem er einen *Sindur* auf ihre Stirn malte, und bei *Haridaya-Sparsha* berührten Braut und Bräutigam gegenseitig ihre Herzen. Radhika schämte sich und fühlte sich irgendwie sündhaft. Diese Eheschließung war eine Farce. Sie war nicht einmal sicher, ob sie so, wie sie vollzogen wurde, überhaupt rechtskräftig war. Aber wer würde ihr schon glauben? Und was könnte sie tun? In den Augen ihrer Familie und der Gesellschaft insgesamt wäre sie verdorben.

Schließlich führten sie *Chathurthi Karma* durch, wobei Braut und Bräutigam einander viermal füttern, um Knochen,

Muskeln, Haut und Seele zu nähren, bevor die entsetzliche Zeremonie mit *Aashirvaad* (Segnungen) beendet wurde.

Für die meisten Hindu-Frauen ist die Hochzeitszeremonie der Höhepunkt einer lebenslangen Vorbereitung auf diesen Augenblick und daher etwas, worauf man sich innig freut. Für Radhika, immer noch erst sechzehn, war sie lediglich ein weiteres Ereignis, über das sie keinerlei Kontrolle hatte.

Was einer der glücklichsten Momente ihres Lebens hätte sein sollen, ließ sie stattdessen nur innerliche Leere fühlen und betonte ihre völlige Isolation. Ihre Familie war nicht bei ihrer Hochzeit gewesen. Schlimmer noch, sie wusste nicht einmal, wo sich Radhika aufhielt. Ihre Schwester Parvati lebte in Kathmandu, unter Umständen gar nicht weit von der Wohnung entfernt, in der sich Radhika befand, doch sie hatte keine Möglichkeit, Verbindung mit ihr aufzunehmen. Radhika fühlte sich verloren.

»In jener Nacht schlief ich allein. Ich konnte es nicht ertragen, die Haut meines Ehemanns an meiner zu spüren. Ich war so traurig und weinte mich in den Schlaf«, erinnert sie sich.

Rajesh, ihr frischgebackener Ehemann, blieb alleine auf und betrank sich mit widerwärtigem, selbst gebrautem Alkohol.

*

Das Einzige, was Radhika als ihren Besitz bezeichnen konnte, war das dicke Bündel schmuddeliger nepalesischer Banknoten, das sie für ihre Niere erhalten hatte. Allerdings dauerte es nicht lange, bis Rajesh seinen Anteil daran forderte und ihr 55 000 NPR (rund 550 Euro) davon abnahm. Den Rest des Geldes verwahrte Radhika in einer schwarzen Handtasche, die sie überallhin mitnahm, sogar nachts zum Schlafen. Dies war ihr Ausweg, und sie wusste, dass sie das Geld unter allen Umständen behalten musste, was immer geschehen mochte. Es war ihr einziger Besitz, und sie würde es brauchen, um sich ihre Freiheit zu erkaufen.

»Rückblickend denke ich, dass mein Mann und seine Partner mich einen Teil davon behalten ließen, damit ich fügsam blieb. Sie glaubten, es würde mir das Gefühl vermitteln, ein wenig Kontrolle über die Lage zu haben, was natürlich nicht zutraf. Außerdem wusste Rajesh, dass er jederzeit auf das Geld zugreifen konnte, wenn er wollte. Wenn ich mich weigerte, schlug er mich.«

Später verlangte Rajesh weitere 100 000 NPR (rund 1 000 Euro) als Mitgift, und sie wurde gezwungen, ihm das Geld zu geben. Zuletzt befahl er Radhika, ihm den Rest zur »Verwahrung« auszuhändigen. Somit hatte sie nichts mehr, was sie als ihr Eigentum bezeichnen oder worauf sie zurückgreifen konnte, falls sie dringend Geld brauchte. Sie war völlig von ihrem Mann abhängig.

*

Während der »Flitterwochen« ihrer Ehe zeigte sich Rajesh freundlich und manchmal sogar regelrecht fürsorglich. Er bemühte sich, ein einfühlsamer Liebhaber zu sein, als ihre Ehe etwa drei Wochen nach der Zeremonie letztlich vollzogen wurde. Allerdings gab es ein dunkleres Motiv für sein Verhalten.

»Ich weiß inzwischen, dass er mich nur dazu bringen wollte zu denken, er würde mich wirklich lieben«, sagt Radhika. »Es war lediglich ein weiterer Bestandteil des Vorbereitungsprozesses ... meine Verteidigung sollte zusätzlich geschwächt werden, um mich zu dem hinzuführen, was noch kommen sollte.«

Rajesh verlor keine Zeit damit, seine frisch Angetraute aus dem kleinen Zimmer in der Wohnung wegzuschaffen, die sie sich mit Pariyars Schwiegermutter in Kathmandu geteilt hatten. Wenngleich man das so auffassen konnte, dass sich ein beflissener Ehemann mit seiner neuen Gattin ein eigenes Heim schaffen wollte, sah die Wahrheit anders aus: Je länger Radhika in Kathmandu blieb, desto größer wurde das Risiko, dass ihre Familie sie entdeckte. Also reiste man in Rajeshs Heimatdistrikt Sindhupalchok, zwanzig Kilometer nordöstlich des Kathmandu-Tals.

Die Gegend ist ein Tourismusziel. Die Menschen kommen, um zu bewundern, wie der Melamchi friedlich durch dieses arme Hügelgebiet fließt, und im Dorf Palchok – das die zweite Hälfte zum Namen des Distrikts beisteuert – steht der hundert Jahre alte Tempel Shri Jai Bageshwari Devi. An Samstagen kommen Einheimische, um den aufwendigen Hindu-Ritus *Pancha Bali* zu begehen, bei dem Büffel geopfert werden, die bis zu 10 000 NPR (rund 100 Euro) pro Tier kosten. Ein scharfsinniger Beobachter könnte sich fragen, woher das Geld stammt – schließlich ist die Provinz arm. Tatsächlich stammt der Reichtum aus einer üblen Einnahmequelle: Das Gebiet gilt als marktbeherrschend, wenn es darum geht, junge Mädchen nach Indien in Bordelle zu exportieren – und dieses lukrative Geschäft hat einige Einheimische außerordentlich wohlhabend gemacht.

Aber Radhika wusste von all dem nichts, als sie in ihr neues eheliches Heim zog, ein eingeschossiges rotes Lehmhaus, in dem es weder Strom noch fließendes Wasser gab. Obwohl das an sich nichts Ungewöhnliches im Dorf darstellte, ließ sich nicht übersehen, wie heruntergekommen das Haus war, und Radhika spürte, dass die Familie ihres Ehemanns keine so gute Stellung wie andere im Dorf genoss. Doch sie griff auf ihren natürlichen Optimismus zurück und beschloss, das Beste aus ihrem Leben zu machen. Dies war nunmehr ihr Schicksal.

Schon bald entwickelte sie eine tägliche Routine, die darin bestand, Gras zu mähen, Getreide zu säen, Holz zu sammeln und Wasser vom örtlichen Brunnen zu holen. Kurz nach dem Einzug in ihr neues Heim wurde Radhika klar, dass sie sich demnächst noch um andere Dinge würde kümmern müssen. Sie stellte fest, dass sie schwanger war, und empfand auf Anhieb eine intensive, unerschütterliche Liebe für ihr ungeborenes Kind. Auf einmal hatte sie jemand anderen als sich selbst, um den sie sich kümmern musste, für den sie kämpfen musste, jemanden, der ihr gehörte.

Aber Radhikas Schwangerschaft wurde zum Katalysator für einen entsetzlichen Ausbruch berechnender Misshandlungen durch ihren Ehemann. Rajesh hatte bereits sein wahres Gesicht offenbart, indem er sich regelmäßig mit selbst gebrautem Weizenschnaps betrank, und er unterdrückte seine Frau mit einer täglichen Dosis Gewalt. Oft brüllte er Radhika völlig grundlos an und beschimpfte sie wüst, während er in solche Rage geriet, dass er sie letztlich als seinen persönlichen Sandsack benutzte, ihr die Lippen blutig schlug und sie manchmal würgte, bis sie kaum noch atmen konnte. Als sie schwanger wurde, verschlimmerte sich das nur. Die Sicherheit seines ungeborenen Kindes schien Rajesh vollkommen egal zu sein.

Es kam einem Wunder gleich, dass Radhika das Baby nicht verlor, aber er – schon damals betrachtete sie das Kind als »er« – überlebte, klammerte sich am Leben fest. Sie tröstete sich damit, dass er ein Kämpfer war, und schwor sich, dass sie ihr Kind immer lieben würde, ganz gleich, was sie ertragen musste. Was immer auf sie zukommen mochte, sie würde ihn beschützen. Sie musste sich nur etwas einfallen lassen, wie sie das bewerkstelligen konnte.

Aber nach zehn Monaten Ehe wurden ihr die Dinge aus der Hand genommen. Als Radhika eines Morgens nach einer brutalen Meinungsverschiedenheit mit Rajesh erwachte, stellte sie fest, dass er aus dem gemeinsamen Heim geflüchtet war. Er war einfach weg.

Anfangs überwältigte Radhika gewaltige Erleichterung. Keine Prügel mehr. Kein Ertragen mehr eines Mannes, der sie sowohl körperlich als auch geistig misshandelt hatte. Keine Sorgen mehr um die Sicherheit ihres Babys. Dann jedoch sickerte allmählich die Realität in ihr Bewusstsein: Sie war mittellos. Ihr Ehemann hatte sich mit ihrem gesamten Geld davongemacht. Nach einigen panischen Minuten zwang sie sich zur Ruhe. Schließlich hatte sie nun noch jemanden, für den sie kämpfen musste. Sie beide würden überleben.

Sie legte eine Hand auf ihren Bauch und flüsterte ihrem ungeborenen Kind zu: »Jetzt gibt es nur noch dich und mich, mein Schatz. *Für immer zusammen.*«

Ein strahlender Stern wird geboren

Rohan* zeichnete sich von dem Moment an als Überlebenskünstler aus, als er am 30. März 2004 um dreiundzwanzig Uhr dreißig das Licht der Welt erblickte.

Radhika säte gerade gebückt Getreide aus, als in ihrem Unterleib die ersten Wehen einsetzten. Sie verspürte eine Mischung aus freudiger Erregung und Angst, als sie ruhig einen Kilometer über die grob gepflügten Felder zurücklegte, um ihre Schwiegermutter Seti über die unmittelbar bevorstehende Ankunft des Kindes zu informieren.

Als Radhika Rajeshs Mutter zum ersten Mal begegnete, war ihr erster Eindruck gewesen, dass sie einst wunderschön gewesen sein musste. Seti war Ende dreißig, klein und zierlich. Sie strahlte Anmut aus und kämmte sich jeden Morgen voll Stolz das lange schwarze Haar zu einem ordentlichen Knoten zurück, wobei sie darauf achtete, die grauen Strähnen zu verstecken. Von ihrem Ehemann sprach Seti nie.

* Radhika nannte ihren Sohn ursprünglich Roshan (Nepalesisch für »strahlender Stern«). Sein Name wurde später von Bordellarbeiterinnen in Indien in »Rohan« geändert, weil das eher nach Hindi klang. Um Verwirrung zu vermeiden, wird im Buch durchgängig Rohan verwendet.

Nur einmal hatte sie erwähnt, dass er vor Jahren verstorben sei. Durch all das, was Seti nicht erzählte, spürte Radhika, dass Setis Leben schon hart gewesen sein musste, als ihr Mann noch gelebt hatte. Vielleicht hatte er einige derselben brutalen Charaktereigenschaften besessen, die Rajesh gezeigt hatte.

Seti lebte in einem kleinen zweigeschossigen Lehmhaus in der Nähe von Radhikas ehelichem Heim. So wie viele andere Gebäude im Dorf war es mit Kuhdung bedeckt und von einer kleinen Wiese umgeben. Seti teilte sich das Erdgeschoss mit einem Büffel und zwei Ziegen, im Obergeschoss wurde Heu gespeichert.

Wenngleich Seti kein Ersatz für Radhikas eigene wundervolle Mutter Maiya war, die Radhika nach wie vor von ganzem Herzen vermisste, mochte sie Seti sehr und glaubte, dass ihre Gefühle auf Gegenseitigkeit beruhten. Radhika war ihr sehr dankbar; allein die Gegenwart einer älteren Frau, noch dazu einer, die vermutlich teilweise verstand, was Radhika durchgemacht hatte, gestaltete das Leben ein wenig erträglicher für sie.

Radhika und Seti verbrachten oft Zeit miteinander, wenn sie das an ihre benachbarten Häuser grenzende Land bestellten. Sie bauten Gemüse wie Erbsen, Kürbis und Spinat an. Die Ernte ermöglichte es ihnen, sich selbst zu versorgen, und etwaige Überschüsse wurden verkauft, um ein dringend benötigtes Einkommen zu erzielen. Auch Hausarbeiten erledigten die beiden Frauen zusammen. Trotz allem vertraute sich Radhika Seti nie über ihr Zusammenleben mit Rajesh an. Obwohl sich Seti der Unzulänglichkeiten ihres Sohnes bewusst zu sein schien und ihn oft für seine Faulheit und sein unfeines Verhalten gegenüber seiner Ehefrau gescholten hatte, wollte sie ihr das volle Ausmaß der Grausamkeit ihres Sohnes ersparen.

Nach Rajeshs Verschwinden fand es Radhika seltsam, dass Seti nie wirklich ein Wort darüber verloren hatte. Sie schien nichts dabei zu finden, dass ihr Sohn auf und davon gegangen war und seine schwangere Frau mit dem ungeborenen Kind zurückgelassen hatte. Radhika hatte sich dennoch verpflichtet gefühlt, Seti wenigstens irgendetwas zu sagen, deshalb hatte sie ihr mitgeteilt, dass es einen Streit gegeben habe. Während sie beobachtete, wie Seti dies verarbeitete, kam Radhika der Verdacht, dass sie durchaus vom launenhaften Wesen ihres Sohnes wusste, und er wahrscheinlich schon in der Vergangenheit seinen Hang zu Gewalttätigkeit gezeigt hatte. Später bemerkte Radhika manchmal einen seltsamen Ausdruck in Setis Augen, wenn der Blick der älteren Frau auf ihr ruhte. Nach einer Weile wurde ihr klar, dass es sich dabei um Scham handelte – dass sich Seti in gewisser Weise verantwortlich für Rajeshs Verhalten fühlte. Was nicht zutraf: Seti mochte vielleicht unbewusst zur Verdorbenheit und Reizbarkeit ihres Sohnes beigetragen haben, aber mittlerweile war Rajesh ein erwachsener Mann, und Radhika fand, dass er selbst für seine Handlungen verantwortlich sei. Jedenfalls hatte sie Seti im Verlauf der Zeit lieb gewonnen und wollte ihr weiteres Leid ersparen.

Als Radhika am Morgen von Rohans Geburt bei ihrem Haus erschien, trommelte Seti sofort einige andere Frauen des Dorfes zusammen, um ihrer Schwiegertochter bei deren erster Geburt zu helfen. Radhikas Wehen zogen sich lange hin. Die Entbindung verlief schwierig, nicht nur, weil sie wegen Unterernährung schwach war – an manchen Tagen konnte sie es sich kaum leisten, eine Mahlzeit zu essen, obwohl Seti ihr bestmöglich half –, sondern auch, weil die Prügel, die sie von Rajesh hatte einstecken müssen, ihrem bereits angegriffenen Körper weiter zugesetzt hatten. Obendrein hatte sie nur noch eine Niere. Unter betäubenden Schmerzen lag Radhika von fünf Uhr bis dreiundzwanzig Uhr dreißig in den Wehen, doch es war ihr egal.

»Alles, woran ich denken konnte, war, dass ich endlich das Kind sehen würde, nach dem ich mich so sehr gesehnt hatte – jemanden, den ich lieben und der mich im Gegenzug ebenfalls bedingungslos lieben würde.«

Als das Baby endlich das Licht der Welt erblickte, ging auch das nicht ohne Probleme vonstatten. »Als der Kopf des Babys zum Vorschein kam, sah ich, dass sich die Nabelschnur um den Hals gewickelt hatte. Es rührte sich nicht und schrie nicht. Seti griff sich sofort ein Messer und schnitt die Nabelschnur mit einer scharfen Klinge durch. Dann schlug sie meinem Kind auf den Hintern, und plötzlich erwachte es zum Leben. Da schrie mein wunderschöner Junge zum ersten Mal. Das Geräusch ließ sich mit nichts vergleichen, was ich je zuvor gehört hatte.

Er war bezaubernd und gesund. Ich schwor mir damals, dass er ein Teil von mir sei, den mir nie jemand wegnehmen würde.«

Radhika taufte ihren Sohn voll Stolz »Roshan« und widmete ihre gesamte Aufmerksamkeit der Aufgabe, dafür zu sorgen, dass er gesund und glücklich blieb. Zum ersten Mal verspürte Radhika tiefe Zufriedenheit. Sie lebte friedlich mit ihrem neugeborenen Sohn und Seti zusammen, die kurz nach Rohans Geburt bei ihr einzog. Das tägliche Überleben blieb weiterhin eine Herausforderung, aber irgendwie gelang es ihnen, genug anzubauen, um weiterzumachen. Vor allem hatte Radhika nun jemanden, für den sie lebte. Alle Gedanken an Rajesh und seine brutale Behandlung wurden von dem Ehrfurcht gebietenden Wesen verdrängt, als das sie ihren Sohn betrachtete. Durch ihn wurde sie entschlossener, Erfolg zu haben; er gab ihr neue Hoffnung, wo zuvor wenig bis keine gewesen war.

Allerdings zwang die Existenz ihres Babys Radhika auch, sich den Tatsachen zu stellen. Sie durfte nicht mehr dumm oder naiv sein. Sie musste Rohan beschützen. Radhika beschloss, mit dem Kind zu flüchten, sollte Rajesh zurückkehren – am besten nach Kathmandu, wo sie wieder einen Gemüsestand am Balaju-Markt eröffnen konnte. Sie war erst siebzehn, und das Leben war für sie noch nicht vorbei: Radhika hatte bewiesen, dass sie ein Überlebenstyp war, und sie wollte dafür sorgen, dass auch ihr Sohn zu einem würde.

*

In Kathmandu dachte Parvati, Radhikas ältere Schwester, oft an sie und fragte sich, was ihr widerfahren sein mochte. Mehrere Jahre waren vergangen, seit sie ihre kleine Schwester zuletzt gesehen hatte, und ihre Gedanken kreisten immer wieder um sie. Alles schien so seltsam zu sein. Von allen Kindern der Phuyals hatte Radhika am wenigsten wie jemand gewirkt, der ein Risiko eingehen würde. Zugegeben, sie war eine Träumerin, aber sie würde ihre Eltern und ihre Großmutter nie vorsätzlich verletzen, indem sie die Verbindung zu ihnen so abrupt abbrach. Ihr musste etwas zugestoßen sein. Aber was?

Als Kind war Radhika immer scheu und sensibel gewesen, als Jugendliche still und hinnehmend. Bestand vielleicht darin das Problem?, grübelte Parvati. War sie *zu* hinnehmend gewesen? In diesem Fall konnte ihr alles Mögliche widerfahren sein.

Als Radhika in die Stadt gegangen war und sich den Lebensunterhalt am Balaju-Markt verdient hatte, hatte ihre Familie wenigstens gewusst, wo sie sich befand. Im Verlauf der Zeit war Radhikas Kontakt zu den Eltern und zur Großmutter zunehmend abgeflaut, obwohl sie weiterhin Geld nach Hause schickte. Mittlerweile waren Jahre vergangen, seit jemand etwas von ihr gehört hatte. Alle waren außer sich vor Sorge. Jedes Mal, wenn Parvati ihre Eltern sah, spürte sie deren Hoffnung – die Hoffnung, Parvati könne etwas von ihrer jüngeren Schwester gehört haben. Und Parvati teilte ihren Schmerz, wenn ihnen klar wurde, dass sie ihnen nichts Neues berichten konnte.

Anfangs hatten die Phuyals in der Stadt nach Radhika gesucht. Sie hatten ihr Verschwinden der Polizei gemeldet, doch die hatte nichts unternommen. Im großen Gefüge der Dinge war Radhika bloß eines von vielen jungen Mädchen, die in der Dunkelheit von Kathmandus Straßen verschwanden, warum also sollte die Polizei ausgerechnet diesen Fall ernst nehmen?

Parvati, die nicht nur ein schönes Gesicht, sondern auch einen scharfen Verstand und Entschlossenheit besaß, wollte, nein, sie *konnte* sich nicht damit abfinden, dass das Leben ihrer Schwester so wenig bedeuten sollte, dass diese Leute sie behandeln konnten, als existiere sie gar nicht. Also begann sie, in der Stadt eigene Nachforschungen über Radhika anzustellen. Wenngleich sich die beiden Schwestern als Kinder nicht besonders nahegestanden hatten, hauptsächlich aufgrund des Altersunterschieds, empfand es Parvati, als das älteste Kind der Familie, als ihre Pflicht, alles in ihrer Macht Stehende zu tun, um Radhika zu finden. Und so blieb sie beharrlich. Später wurde ihr klar, dass sie sich während all der Zeit des Suchens unterbewusst das Schlimmste ausgemalt hatte, doch eines Vormittags erhielt sie in ihrer Wohnung in Dallu, einem eleganten Wohnviertel im Westen von Kathmandu, einen Anruf, aus dem sie etwas anderes erfuhr.

Als Parvati abhob, hörte sie eine fremde männliche Stimme, die sie mit dem traditionellen »Namaste« begrüßte. Anschließend stellte sich der Mann als »Rajesh Pariyar« vor, ihr neuer Schwager. Verdutzt lauschte Parvati, wie ihr Rajesh die Neuigkeit mitteilte, dass Radhika schwanger war. Während Parvatis Gedanken vor Verblüffung durcheinanderwirbelten, sprach Rajesh weiter und versicherte ihr, sie brauche sich keine Sorgen zu machen, da er aus einer »guten Familie« stamme, was er mehrfach betonte. Offensichtlich wusste er, wie wichtig das für eine Familie wie die Phuyals sein würde, die der hohen Brahmanenkaste angehörten.

Doch obwohl er beteuerte, geeigneter Herkunft zu sein, beschlich Parvati zunehmend das Gefühl, dass mit Rajesh etwas nicht stimmte. Sein Tonfall hatte etwas an sich, das ihr einfach nicht recht gefiel. Parvati schwor sich kurzerhand, dass sie zu ihrer Schwester reisen würde, um sich davon zu überzeugen, wie es ihr ging. Sie wollte mit eigenen Augen sehen, für was für ein Leben sich Radhika entschieden hatte. Parvati wollte sichergehen, dass mit ihrer Schwester alles in Ordnung war.

Sie drängte den Mann, ihr weitere Einzelheiten zu nennen, aber er floh sich in Ausflüchte. Nicht nur über seinen eigenen Aufenthaltsort gab er sich verschlossen, sondern auch über Genaueres, was das Leben und die Gesundheit ihrer Schwester betraf. Als das Gespräch endete, fühlte sich Parvati nicht besser, vielmehr zutiefst unbehaglich und äußerst aufgewühlt. Nach sorgfältiger Überlegung beschloss sie, die Unterhaltung für sich zu behalten, bis sie mehr herausfand. Ihre Eltern waren zwar noch nicht besonders alt, aber auch keineswegs jung, und Radhikas Verschwinden hatte ihnen bereits großen Kummer bereitet. Letztlich dauerte es noch Monate, bis sich Parvati eine Auszeit von ihren Verpflichtungen im Familienbetrieb nehmen konnte, um die Reise zu Radhika anzutreten. Im Nachhinein wünschte sie, es viel früher getan zu haben. Als sie in Sindhupalchok eintraf, waren über drei Jahre vergangen, seit sie ihre Schwester zuletzt gesehen hatte.

*

Nach einer mühsamen fünfstündigen Busfahrt von Kathmandu nach Sindhupalchok traf Parvati in dem Dorf ein. Sie wurde vom Geschnatter einheimischer Wichtigtuer begrüßt, die ihr, nachdem sie ihr Informationen über den Grund ihrer Reise, ihre Familie und ihr Leben entlockt hatten, die Richtung zu Radhikas Haus wiesen.

Bei dem Gespräch erfuhr Parvati etwas, das sie schockierte – einige der Frauen erzählten ihr, dass Radhika eine Niere gestohlen worden war. Sie sprachen sehr sachlich darüber, als sei das weder etwas Seltsames noch etwas Wichtiges. Tatsächlich war dasselbe ein, zwei anderen Mädchen aus dem Dorf passiert. Damals war Parvati völlig perplex, da sie zuvor noch nie davon gehört hatte, dass solche Dinge geschahen, und es überstieg ihr Vorstellungsvermögen, dass ihrer kleinen Schwester ein so grauenhaftes Schicksal widerfahren sein könnte. Später sollte sie erfahren, dass es in bestimmten ländlichen Gebieten Nepals in der Tat nicht ungewöhnlich war, dass sich Menschen Organe entnehmen ließen – die finanzielle Entschädigung dafür stellte oft den Unterschied zwischen Leben und Tod dar und war lukrativ genug, um selbst so gefährliche Operationen attraktiv erscheinen zu lassen.

Als Parvati schließlich zu Radhika fand, war die junge Frau blass und hatte weder für ihr Baby noch für sich selbst etwas zu essen. Radhika war so schwach und unterernährt, dass sie ihr sechs Monate altes Kind nicht einmal stillen konnte. Trotzdem war Parvatis erste Empfindung beim Anblick ihrer Schwester unbändige Freude.

»Es war unglaublich, ihre wunderschönen Züge zu sehen«, erinnert sie sich. »Sie erblickte mich, und in ihr Gesicht trat ein verhaltenes, aber strahlendes Lächeln. Ich glaube, Radhika war unsicher, wie ich reagieren würde. Womöglich dachte sie, ich wäre wütend auf sie. Aber wie hätte ich das sein können?

Vor mir stand die kleine Schwester, die ich schon tot wähnte. Wir rannten aufeinander zu und umarmten uns. Als ich Radhika festhielt, spürte ich ihr Schlüsselbein und ihre Rippen durch die Haut. Von dem Moment an wusste ich, dass sie eine entsetzliche Tortur durchgemacht haben musste.

Wir stammen zwar aus einer bescheidenen Familie, waren aber immer in der Lage, uns genug zu essen zu leisten. Dass Radhika das nicht konnte, war offensichtlich. Natürlich hatten mich die Dorfbewohnerinnen bereits auf die Sache mit der Niere meiner Schwester aufmerksam gemacht, aber sie schien darüber nicht sprechen zu wollen, und ich wollte sie nicht verschrecken oder ihr Unbehagen bereiten.

Ich beschloss, das Thema vorerst ruhen zu lassen, bis sie bereit wäre, darüber zu reden. Außerdem gab es ohnehin wichtige Dinge, gegen die etwas unternommen werden musste – zum Beispiel Radhikas entsetzliche Lebensumstände.«

Radhika lebte in einer armseligen Hütte. Nach einer Weile erklärte sie Parvati, dass ihr Ehemann mit den Familienersparnissen verschwunden sei und sie mittellos zurückgelassen habe.

Noch Jahre später treten Parvati Tränen in die bezaubernden braunen Augen und kullern ihr über das Gesicht, wenn sie an jene Zeit zurückdenkt.

»Ihr Taugenichts von einem Ehemann hatte meine Schwester in jeder Hinsicht geprügelt und bettelarm zurückgelassen. Er hatte versucht, mich zu dem Glauben zu verleiten, er sei ein verantwortungsbewusster Mann – dabei hätte nichts weiter von der Wahrheit entfernt sein können.«

Am vielleicht schockierendsten für Parvati war, als sie von einer der Dorfbewohnerinnen erfuhr, dass Rajesh sie über seine Kaste belogen hatte. Er war kein Brahmane wie seine Frau. In Wirklichkeit entstammte er der Shudra-Kaste, die weit unter der Kaste der Phuyals stand.

Parvati war entsetzt. Die Auswirkungen für ihre Schwester waren unvorstellbar, auch wenn sie zu dieser kastenübergreifenden Ehe gezwungen worden war. Für ältere, traditionsverhaftetere Mitglieder der Familie Phuyal wie ihre verehrte Großmutter Hari Prem würde Radhika praktisch eine Ausgestoßene sein. Schlimmer noch, Parvatis Ehemann würde sich dadurch weigern, Radhika im Familienheim aufzunehmen, was Parvati ursprünglich vorgeschlagen hatte.

Letztlich war alles, was sie tun konnte, ihrer Schwester die bescheidene Summe von umgerechnet acht Euro zu übergeben, die sie insgeheim für Radhika abgezweigt hatte. Dann musste sie aufbrechen und konnte nur auf das Beste hoffen.

Parvati erinnert sich: »Ich küsste meine Schwester und Rohan zum Abschied, sagte ihnen, dass ich sie liebe, und bat sie, bis zu meinem nächsten Besuch auf sich aufzupassen. Es war das letzte Mal, dass ich sie für viele Jahre sehen sollte.«

*

Parvatis Besuch hauchte Radhika neues Leben ein. Moralisch gestärkt versuchte sie, mit dem Geld, das ihre Schwester ihr geschenkt hatte, das Beste aus ihrer kargen Umgebung zu machen. Ihrem kleinen Sohn zuliebe, der ihr alles bedeutete, wollte sie dafür sorgen, dass alles gut würde.

Sie fegte den Lehmboden ihrer armseligen Behausung, legte neue Binsenmatten aus, die sie geflochten hatte, und bemühte sich, aus dem kleinen Gemüsebeet neben dem Haus nahrhafte Mahlzeiten zu zaubern. Seti tat, was sie konnte, um ihrer Schwiegertochter und ihrem Enkel zu helfen, aber ihre Möglichkeiten waren begrenzt. Sie besaß schlichtweg weder die Kraft noch die finanziellen Mittel, um die verletzliche Mutter und deren Kind mitzuversorgen. Radhika wiederum fühlte sich schrecklich, weil sie Seti keine größere Hilfe sein konnte.

Als Rohan ein Jahr alt war, ließ Radhika dieselben Anzeichen schwerer Erschöpfung erkennen wie beim Besuch ihrer Schwester. Durch schlechte Ernährung, gepaart mit den Auswirkungen des Lebens mit nur einer Niere und den Nachwehen einer traumatischen Entbindung, fühlte sie sich völlig ausgelaugt und sehr schwach. Sie brauchte dringend Hilfe und war außerdem sehr einsam.

Eines Tages tauchten zwei Männer bei ihrem Haus auf, der 28-jährige Krishna »Purne« Pariyar und der 35-jährige Rajan Pariyar. Sie behaupteten, Cousins ihres Ehemanns zu sein. Radhika öffnete die Tür und erblickte zwei adrette, gut aussehende Männer, die sich gepflegt ausdrückten. Die anschließende Unterhaltung vermittelte ihr den Eindruck, dass es sich bei den beiden um Männer derselben Art handelte, mit denen sie aufgewachsen war – anständige Männer, nicht wie Murari Pariyar oder ihr Ehemann.

Sie erklärten, sie wären auf der Suche nach Arbeit ins Dorf gekommen, meinten jedoch zu Radhika, sie hätten die Zeit aus den Augen verloren. Als sie bei Einbruch der Nacht im

Dorf festsaßen, sei ihnen eingefallen, dass Rajesh mit seiner Frau hier lebe, und es wäre unhöflich gewesen, ihnen keinen Besuch abzustatten. Radhika fand die Ausführungen der Männer ein wenig seltsam, obwohl tatsächlich gerade die Dunkelheit anbrach. Rasch verwarf sie ihre Bedenken. Schließlich gehörten sie zur Familie. Doch obwohl sie in einem kleinen Dorf lebte, in dem Gastfreundschaft gegenüber erschöpften Reisenden als üblich galt, war sie sich auch der Anstandsregeln bewusst und entgegnete sofort, dass in ihrem Haus kein Platz zum Schlafen für die beiden Männer sei. Sie erwiderten, dass sie bei anderen Bekannten im Dorf eine Unterkunft finden würden und versprachen, am folgenden Morgen wiederzukommen.

Am nächsten Tag tauchten sie, wie angekündigt, erneut auf, und nach einem weiteren Gespräch äußerten sie große Besorgnis über Radhikas Lage. Nach kurzer Überlegung teilten sie ihr mit, dass sie Radhika zu Parvatis Haus in Kathmandu begleiten würden, da sie es nicht mit ihrem Gewissen vereinbaren könnten, sie unter solchen Umständen sich selbst zu überlassen.

Radhika erinnert sich: »Ich war so aufgeregt, dass ich mich kaum beherrschen konnte. Parvati hatte Rohan seit Monaten nicht gesehen, und ich brauchte dringend eine Umarmung und etwas Zuspruch von meiner Schwester. Mir war bewusst, dass es ein Problem mit einem längeren Aufenthalt bei meiner Schwester geben würde. Sie selbst hätte nichts dagegen gehabt, aber ihr Mann war unglücklich über meine Heirat unter unserer Kaste. Deshalb hatte er das Verbot ausgesprochen, dass ich das Haus nicht betreten dürfe. Aber ich hoffte, wenn ich mit Rohan vor ihrer Tür stünde, würde er sich für meinen kleinen Jungen erwärmen und es sich anders überlegen.

Ich verlor keine Zeit, packte die wenigen Habseligkeiten zusammen, die Rohan und ich besaßen, und befestigte ihn mit einem Tragetuch auf meinem Rücken. Wir würden dieses raue Leben hinter uns lassen und in die Stadt gehen.

Ich war noch aus einem anderen Grund glücklich: Es war immer mein Traum gewesen, dafür zu sorgen, dass Rohan die Bildung erhalten würde, die mir verwehrt geblieben war, und in Katmandu zu sein, würde das hoffentlich ermöglichen.«

Und so schloss sich Radhika mit Rohan den Pariyars auf deren Reise nach Kathmandu an. Wieder setzte sie ihr Vertrauen in Fremde. An das Leben, das sie zurückließ, verschwendete sie kaum einen Gedanken.

*

Auf dem Weg nach Kathmandu empfand Radhika freudige Erregung. Sie hatte immer geglaubt, die Stadt würde ihr helfen, sich ihre Träume zu erfüllen, und wenngleich das beim letzten Mal nicht geschehen war, würden ihr die Götter diesmal vielleicht gewogener sein. Ihr größter Wunsch bestand darin, Rohan in eine gute Schule zu schicken; selbst wenn Parvati sie abwiese, wären sie also am optimalen Ort, um eine strahlende Zukunft für ihren Sohn zu gewährleisten. Zumindest glaubte sie das.

Am Ende der zweistündigen Busfahrt von Sindhupalchok nach Kathmandu jedoch fuhr das Taxi, das von Purne und Rajan gerufen wurde, nicht wie versprochen in das Viertel von

Radhikas Schwester. Wenngleich Radhika deren Haus noch nicht besucht hatte, wusste sie grob, wo es sich befand, und sie kannte die Stadt und deren verschiedene Bezirke recht gut. Hilflos umklammerte sie Rohan und wartete ab, was als Nächstes geschehen würde. Ein gutes Gefühl hatte sie dabei nicht.

Schließlich hielt das Taxi vor einem Gebäude an – dem Gästehaus »Hong Kong«. Radhika erkannte, wo sie sich befanden: im abgelegenen Balaju-Gebiet der Stadt, wo sie vor mittlerweile fast vier Jahren auf dem Markt Gemüse verkauft hatte.

Sofort verspürte sie eine vertraute Beklommenheit. Es kostete sie große Mühe, sich scheinbar ruhig bei ihren Begleitern zu erkundigen, weshalb man sie zu diesem Gästehaus statt zum Haus ihrer Schwester gebracht hatte. Dann drückte sie sich erschrocken zurück in den Sitz, als sich die beiden Männer zu ihr umdrehten und sie beinah gleichzeitig anherrschten: »Wir haben es nicht eilig. *Halt die Klappe!*«

Purne ließ Radhika und Rohan bei Rajan zurück, dem Mann, von dem er behauptete, er sei sein Bruder. Obwohl er sie zuvor so angeherrscht hatte, beteuerte Rajan nun ruhiger, sie würden zu gegebener Zeit zum Haus ihrer Schwester fahren. Dann führte er Radhika und Rohan in das Gästehaus und brachte sie in ein Zimmer. Radhika beobachtete, wie er durch die TV-Sender schaltete, während er ein Bier trank.

Zum ersten Mal seit Beginn dieser Reise beschlich sie echte Angst. Wie hatte sie ihr Zuhause dafür verlassen können? War sie wieder zu vertrauensselig gewesen? Sie drückte Rohan fester an sich und flüsterte ihm ins Ohr: »Es wird alles gut. Ich liebe dich.«

Sie flehte Rajan an, sie zu Parvatis Haus zu bringen, doch ihr Bitten fiel auf taube Ohren. Es schien fast so zu sein, als wären Rohan und sie unsichtbar. Erst nach Stunden, in denen sie praktisch gefangen gehalten wurde, gelang es Radhika, ihm die Wahrheit zu entlocken – eine Wahrheit, vor der sie sich seit der Ankunft im Gästehaus gefürchtet hatte. Unwirsch fauchte Rajan sie an: »Du gehst überhaupt nicht zu deiner Schwester. Du kommst mit mir!«

Wieder war Radhika gezwungen, ihre Habseligkeiten zu packen. Stumm betete sie, ein Wunder möge geschehen, ein Held möge auftauchen, der sie aus diesem Albtraum rettete, während sie sich den kleinen Rohan mit einem abgewetzten rosa *Pashmina* auf den Rücken band. Wieder konnte sie nur tatenlos geschehen lassen, was immer sie erwartete.

Was Rajan ihr erzählt hatte, glaubte sie nicht. Warum sollte sie auch? Er hatte sie bereits zweimal belogen. Diesmal hatte er ihr statt eines Urlaubs in einem exotischen Land eine Arbeit in einem Lebensmittelladen in Biratnagar versprochen, Nepals zweitgrößter Stadt, die im Südosten in der Nähe der indischen Grenze liegt. Ihr fiel auf, dass Rajan nicht einmal versuchte, ihr in die Augen zu sehen, wenn er mit ihr sprach.

Radhika kam gar nicht der Gedanke, sich zu wehren. Sie hatte sich daran gewöhnt, männlicher Autorität zu gehorchen, und die unausgesprochene Androhung von Gewalt machte sie noch gefügiger. Schließlich musste sie sich um Rohan kümmern, für ihn am Leben bleiben. Einerseits wusste sie, dass es sich bei der ihr angebotenen Arbeit um eine Lüge handelte, doch zugleich hoffte sie um Rohans willen trotz allem, dass sie sich irrte.

»Ich wusste, dass nur ein falsches Wort notwendig gewesen wäre, um das entsetzliche Temperament zu entfesseln, das unter Rajans harten Zügen zu brodeln schien. Ich wollte nicht, dass Rohan die Art von Gewalt zu sehen bekäme, die er schon im Mutterleib von seinem Vater über sich ergehen lassen musste, deshalb zwang ich mich, stark zu sein und zu ertragen, was immer die Götter mir zugedacht hatten.«

Und so stieg Radhika im März 2005 gegen zwanzig Uhr erneut in einen Bus, der ein weiteres unbekanntes Ziel ansteuerte, diesmal mit ihrem kleinen Sohn – ihrem »strahlenden Stern« – fest in den Armen. Was immer geschehen würde, Radhika schwor sich, es für Rohan zu bewältigen.

DER WEG
ZUM »DHANDA«

Willkommen in Assam

Der vertraute Geruch von Zitrusbäumen, der durch die Fenster hereinwehte, war es, der Radhika verriet, dass sie sich in Indien befand. Knapp mehr als zwei Jahre lag es zurück, dass sie zum ersten Mal die nepalesische Grenze überquert hatte, damals in dem unschuldigen Glauben, sie wäre unterwegs in den Urlaub und zu einem großen Abenteuer. Stattdessen war sie zum arglosen Opfer im lukrativen Geschäft des internationalen Organhandels geworden, und man hatte ihr gegen ihren Willen eine Niere herausgeschnitten.

Für Radhika schien es undenkbar zu sein, dass sie immer noch von der Organhandelsmafia kontrolliert wurde, doch Purne und Rajan hatten behauptet, mit ihrem Mann verwandt zu sein, der ihr seinerseits von Murari Pariyar vorgestellt worden war. Angesichts dieser Umstände konnte Radhika nur zu dem Schluss gelangen, dass es trotz allem wahr sein musste. Hatten die Götter sie wirklich verlassen? Wo steckte Lakshmi? Was hatte sie in ihren früheren Leben verbrochen, um all das zu verdienen?

Während sie hinausblickte, bildete ihre Gefühlswelt einen krassen Gegensatz zur wunderschönen Landschaft draußen. Ein kobaltblauer Himmel hob sich atemberaubend von endlosen grünen Feldern ab, auf denen gewinnbringende Teeblätter angebaut wurden. Gelegentlich sah sie die bunt gekleideten Erntearbeiterinnen, die sich den Weg die Hügel hinab bahnten und Schildkörbe auf den Köpfen balancierten. Auf Radhika wirkten sie so frei, ihre Aufgaben so einfach.

Warum konnte sie nicht eine solche Arbeit gefunden haben? War das wirklich zu viel verlangt? Sie war immer bereit gewesen, hart zu arbeiten, um ihr Leben zu verbessern, doch aus unerfindlichem Grund schien sie immer in Schwierigkeiten zu enden, ganz gleich, was sie versuchte.

Für Rohan bemühte sie sich, während der Reise so ruhig wie möglich zu bleiben, doch im Gegensatz zu ihrer letzten Fahrt von Kathmandu nach Indien wurde sie nun von einer bitteren Erfahrung begleitet. Einerseits fühlte sie sich durch das Dasein als Mutter stärker, und sie verspürte den überwältigenden Drang, Rohan vor jeglichem Leid zu beschützen, andererseits fühlte sie sich auch wesentlich verwundbarer. Ein anderes Leben hing von ihr ab, das Leben eines kleinen Menschen, der noch nicht für sich selbst sorgen konnte. Und dennoch war sie in den Händen von Purne und Rajan Pariyar machtlos. Sie hatte keine andere Wahl gehabt, als mit ihnen zu gehen, und sie hatte gespürt, dass jeglicher Widerstand ihrerseits mit Gewalt niedergeschmettert worden wäre. Da es mittlerweile auch um Rohan ging, war Radhika nicht bereit, ihre Gesundheit aufs Spiel zu setzen.

So holte sie nur tief Luft, starrte weiter aus dem Fenster und zwang sich, positiv zu denken und ruhig zu bleiben.

*

Nach dem Aussteigen aus dem Zug nahm Radhikas Route von Nepal nach Indien dieses Mal einen anderen Verlauf. Sie fuhr mit Rajan per Bus nach Indien, und zwar von Kathmandu aus über Kakarvitta, einer Ortschaft an der Grenze zwischen Nepal und Indien, das östliche Ende von Nepals 922 Kilometer langer Ost-West-Autobahn. Die beschwerliche, 610 Kilometer lange Reise dauerte dreizehn Stunden, und als sie endlich ausstiegen, war der damals noch sehr kleine Rohan verständlicherweise quengelig.

Als Radhika den traurigen und verwirrten Ausdruck in dem kleinen Gesichtchen betrachtete, brach ihr vor Kummer förmlich das Herz. Es musste ihr doch möglich sein, ihrem Kind eine bessere Zukunft als das zu bieten. Sie konnte sich des Gedankens nicht erwehren, dass sie in einer völlig anderen Lage wäre, wenn man es ihr ermöglicht hätte, in der Schule zu bleiben und ihre Ausbildung abzuschließen, wie sie es sich gewünscht hatte. Dann wäre sie Lama oder einem der anderen Männer, die dazu beigetragen hatten, sie in diese Situation zu bringen, nie über den Weg gelaufen. Nun drehte sich für sie alles darum, wie sie für die Sicherheit ihres Sohnes, ihres »strahlenden Sterns«, sorgen konnte.

Rajan Pariyar teilte Radhikas Sorge um Rohan eindeutig nicht. Sie wusste bereits, dass er alles andere als freundlich war und zu Gewalt neigte, wenn er provoziert wurde. Das wollte sie unter allen Umständen vermeiden. So blieb sie zwar wachsam, aber still, auch als er einigen offiziell wirkenden Männern ein Bündel nepalesischer Rupien und etwas gab, das nach Reisedokumenten aussah. Sie schwieg weiter, als sie mit Rohan in den Armen in eine Rikscha gescheucht wurde, die anschließend über die Brücke über den Mechi holperte, den Grenzfluss zwischen Nepal und Indien. Es gelang ihr sogar, still zu bleiben, als sie über die Schulter ein letztes Mal zurück zu ihrem Heimatland schaute, ohne zu ahnen, dass Jahre vergehen sollten, bis Rohan und sie es wiedersehen sollten.

Auf der indischen Seite folgte eine kurze Busfahrt zum Bahnhof Shiliguri. Radhika war erschöpft, doch für Rohan musste sie wach bleiben, wenngleich sich der Lärm und das hektische Treiben dieser neuen Umgebung überwältigend anfühlten. Shiliguri ist ein am Fuß der Hügel von Darjeeling gelegenes Drehkreuz für Reisende, eine moderne, sich rasch entwickelnde Ortschaft im Bundesstaat Westbengalen. Sie ist berühmt dafür, von einer wunderschönen Naturlandschaft umgeben zu sein, und bietet eine atemberaubende Aussicht auf den Kangchendzönga, mit 8 586 Metern nach dem Mount Everest und dem K2 der dritthöchste Berg der Welt. Der Kangchendzönga ist ein Teil des beeindruckenden Himalaja-Massivs. Sein Name bedeutet übersetzt etwa »die fünf Schätze des großen Schnees«. In der Region Kirant gilt der Berg als heilig. Die »Schätze« sind Gold, Silber, Edelsteine, Getreide und heilige Schriften und werden dort von einem Gott gehütet. An Radhika und Rohan allerdings ging die prachtvolle Umgebung größtenteils unbemerkt vorbei.

Als dieser Abschnitt der Reise endete, wurden sie in einen Zug der North East Frontier Railway verfrachtet, der sie zum nächsten unbekannten Ziel brachte. Als Radhika einstieg, Rohan so bequem wie möglich hinlegte und der Zug aus dem Bahnhof rollte, versuchte sie verzweifelt, das Gefühl einer bevorstehenden Katastrophe zu verdrängen.

*

Nach schier endlosen Stunden, in denen Radhika immer wieder kurz in unruhigen, benommenen Schlaf fiel, bemühte sie sich, wach zu bleiben und sich auf die nächsten Minuten zu konzentrieren. Der Zug hielt letztlich an, und Rajan Pariyar stand auf, woraus Radhika schloss, dass ihre Reise zu Ende war.

Die Augen verkrustet vor Schläfrigkeit, der Körper schwach durch monatelange Unterernährung und die Auswirkungen des Lebens mit nur einer Niere, stieg Radhika aus dem Waggon und erblickte ein buntes Schild, auf dem in Assamesisch und Englisch stand: WILLKOMMEN IN ASSAM. Bevor sie es noch einmal lesen konnte, um sich zu vergewissern, dass es sich um keinen Traum handelte, wurde sie mit Rohan von ihrem Begleiter in eine weitere Rikscha gescheucht. Rajan raunte dem Fahrer eine Adresse zu.

Radhika verstand nicht, wohin es ging, und wäre wahrscheinlich ohnehin nicht in der Lage gewesen, auf einer Landkarte zu zeigen, wo sie sich befanden. Sie wusste nur, dass dieser Ort nicht in Nepal lag und Rohan und sie weit, weit von Parvati, ihrer Familie und allen anderen, die sie kannten, entfernt waren. Weit, weit entfernt von der Familie, der sie Rohan bislang noch gar nicht vorstellen konnte.

Sie schauderte, als sie sich fragte, was vor ihrem jungen Sohn und ihr liegen mochte. Und sie versuchte, die wachsende Gewissheit zu ignorieren, dass es nichts Gutes sein konnte, was immer es sein würde.

Sie fuhren in die Stadt Silchar im südlichen Assam. Fortschritte im Bildungswesen, bei medizinischen Einrichtungen und ein zuletzt boomender Immobilienmarkt haben die Ortschaft stark verändert. Sie lockt Händler aus entfernten Teilen Indiens an, weshalb die Bevölkerung in den letzten Jahren auf rund 145 000 Menschen angewachsen ist. Indiens ehemalige Premierministerin Indira Gandhi bezeichnete die Stadt einst als eine »Insel des Friedens«. Sie betrachtete Silchar als beschaulichen Ort in der sonst eher turbulenten Nord-Ost-Region.

Radhika allerdings konnte nirgendwo Frieden finden. Wie sollte sie auch, zumal sie keine Ahnung hatte, was als Nächstes mit ihr passieren würde?

Natürlich war sie von den Pariyars erneut belogen worden, doch unglaublicherweise versuchte Rajan trotzdem, die Fassade eines Freundes aufrechtzuerhalten, der ihr half, eine lukrative Arbeit zu finden – worum ihn Radhika nie gebeten hatte. Sie wahrte Abstand und blieb auf der Hut, beobachtete, was als Nächstes geschehen würde. Wohin sie auch gingen, es würde nicht zu der Arbeitsstelle sein, die er ihr versprochen hatte, so viel stand fest.

Radhikas Misstrauen erwies sich als gerechtfertigt. Eine halbe Stunde nach dem Aussteigen aus dem Zug trafen Radhika und Rohan an ihrem Ziel ein, das für die nächsten sechs Monate ihr »Zuhause« werden sollte. Rajan hatte Radhika und ihren einjährigen Sohn zu einem Bordell gebracht.

*

Prostitution ist im Bundesstaat Assam ein großes Geschäft, wenngleich das vermutlich die wenigsten Besucher der wunderschönen, für ihre Bergdörfer und ihren Tee bekannten Gegend vermuten würden. Assam liegt südlich des Himalajas und des winzigen Königreichs Bhutan, nördlich von Bangladesch und ist ein Monsunland. Jahrelang war das Gebiet für Touristen tabu, weil es immer wieder Aufstände gab, die von ethnischen Spannungen zwischen den Bodo- und Santhal-Stämmen im westlichen Assam herrührten, ein erbitterter und langjähriger Konflikt. Heute verbringen sowohl Besucher aus dem Westen als auch Inder gerne Zeit dort, sehen sich die im Nationalpark Kaziranga heimischen Elefanten und großen Nashörner an und genießen romantische Abende in den prunkvoll umgebauten früheren Teeplantagenhäusern aus der Kolonialzeit.

Aber während wohlhabende Amerikaner und Europäer in kunstvoll verzierten Himmelbetten schlafen, existiert auch eine schäbigere Seite von Assam. In der Schattenwelt der Region tummeln sich Zuhälter, Puffmütter und Prostituierte, und eine ganze Generation von jungen Mädchen, von denen viele aus Nepal stammen, wird gezwungen, ihre Körper auf dreckigen, stinkenden Matratzen unter erbärmlichen Umständen an bis zu dreißig Freier pro Tag zu verkaufen.

Jährlich verschwinden in dem Bundesstaat durchschnittlich zweihundertfünfzig Frauen und zweihundert Mädchen im Kindesalter spurlos. Vertreter der Polizei von Assam glauben, dass die Mehrheit in das Sexgewerbe verkauft wird, ein gewaltiges Problem nicht nur in Indien, sondern auch weltweit. Laut UNO verschwinden weltweit täglich rund zweitausendfünfhundert Frauen und Kinder, die als Sexsklavinnen verkauft werden. Einige gelten als wertvoller als andere. In Indien werden Mädchen aus Nepal aufgrund ihrer helleren Haut und ihres arglosen Wesens besonders bevorzugt.

Die jungen Nepalesinnen sind völlig isoliert, da sie den regionalen Dialekt nicht sprechen und vor Ort keine Angehörigen haben. So ist es wesentlich einfacher, sie unter Kontrolle zu halten. Laut Maiti Nepal, einer Zuflucht in Kathmandu für Frauen und Kinder, die Opfer des Menschenhandels wurden, wird ein hoher Prozentsatz von Kindern durch Fabrikbesitzer in die Sklaverei verkauft. Diese locken sie mit dem Versprechen lukrativer Arbeitsplätze aus ihren Dörfern weg. Manche werden aus solchen Dörfern auch von den eigenen Eltern verkauft, die Geld für die Ausbildung ihrer Söhne wollen – in solchen Fällen werden Jungen als weitaus wichtiger als die entbehrlichen Mädchen betrachtet. Andere werden von Ehemännern, die sich genau zu diesem Zweck eine Braut im Teenageralter ausgesucht haben, an Bordelle verkauft.

Die meisten Mädchen haben keine Ahnung, dass sie in einem Freudenhaus enden werden. Wenn sie ihr Schicksal schließlich herausfinden, bringen einige wenige den Mut auf, zu kämpfen.

Allerdings lernen sie in den meisten Fällen ihre Lektion sehr schnell: Massenvergewaltigungen, Prügel und Folter machen sie rasch gefügig und willig, die Freier über sich ergehen zu lassen, die zu ihnen kommen. Manche warten auf die Chance zur Flucht, überzeugt davon, dass sie ihnen gelingen kann. Dieses Glück jedoch haben die wenigsten. In den meisten Fällen werden sie gefasst und von Taxifahrern, Ladenbesitzern oder unzähligen anderen Personen, die mit den Bordellbetreibern unter einer Decke stecken, zurück zu ihrem »Zuhause« gebracht.

Manche versuchen erneut zu fliehen, träumen von ihrem früheren oder einem besseren zukünftigen Leben. Aber nachdem sie zum zweiten oder dritten Mal erwischt, erneut vergewaltigt, verprügelt und bedroht wurden, geben sich so gut wie alle geschlagen und lernen, sich mit ihrem Dasein abzufinden.

Und wie sieht ihr Dasein aus?

Der finanzielle Lohn jedenfalls ist alles andere als üppig. Ein großer Teil des Verdienstes eines verkauften Mädchens wird einbehalten, um den Bordellbesitzer für den Kaufpreis zu entschädigen. »Spesen« wie die Kosten für Verpflegung, Kleidung, Unterkunft, medizinische Versorgung im Fall von Geschlechtskrankheiten oder Abtreibungen werden diesem Betrag zu meist exorbitanten Tarifen hinzugerechnet und müssen ebenfalls zurückgezahlt werden. So wächst der Schuldenstand, und wenn die Mädchen älter und für ihre Freier weniger begehrenswert werden, sinken ihre Erträge – und damit schwindet auch die Hoffnung, sich je die Freiheit erkaufen zu können, soweit dieses Angebot überhaupt besteht.

Selten führt die Polizei Razzien in den Bordellen durch und verhaftet die Prostituierten zusammen mit Zuhältern, Bordellbetreibern und Menschenhändlern. Trotzdem besteht kaum Hoffnung auf Flucht für die meisten dieser jungen Frauen. Das lukrative Sexgewerbe blüht und gedeiht nicht zuletzt durch Korruption, und so mancher Politiker, Polizist und Verwaltungsbedienstete – Personen also, die eigentlich die Unschuldigen und Verwundbaren schützen sollten – gehört zu den Stammgästen der Freudenhäuser.

In den seltenen Fällen, in denen einer nepalesischen Frau die Flucht aus einem Bordell gelingt, sie als zu alt für den Geschmack der Gäste betrachtet oder aussortiert wird, weil sie sich mit einer Geschlechtskrankheit oder HIV angesteckt hat, schafft sie es unter Umständen aus Indien zurück über die Grenze nach Nepal, doch der Empfang, der ihr dort bereitet wird, wirft unweigerlich die Frage auf, weshalb sie es überhaupt versucht hat.

In ihrer Heimat werden solche Frauen meist von der Gesellschaft insgesamt und sogar von ihrer Familie geächtet – selbst dann, wenn die Familie selbst dazu beigetragen hat, ihre Frauen in die Prostitution einzuschleusen. Eine Familie, die sich durch den Verkauf einer Tochter an ein Bordell ein Haus gekauft hat, verweigert ihr oft aus einer Vielzahl von Gründen den Eintritt.

Viele Menschen in den Dörfern glauben beispielsweise, dass man sich ansteckt, wenn man mit jemandem unter einem Dach lebt, der HIV-positiv ist. Andere wiederum weigern sich, auch nur denselben Raum wie eine solch ehrlose, gefallene Frau zu betreten, sogar wenn sie selbst ihren Niedergang herbeigeführt haben.

Bigotterie ist anscheinend überall präsent.

*

Radhikas Einführung in die Welt der Prostitution erfolgte langsam, subtil und hinterhältig. Nur Sekunden, nachdem sie vor dem zweistöckigen Gebäude in einer verwahrlosten Straße aus der Rikscha ausgestiegen war, wurden Rohan und sie von einer stark geschminkten Frau herzlich begrüßt. Es herrschte noch Tageslicht, und Radhika fielen vor dem Haus eine Schar von Männern sowie etliche Frauen auf, einige davon junge Mädchen. Die Frauen waren äußerst spärlich bekleidet, und viele von ihnen beugten sich provokativ von den Balkonen des Gebäudes.

Radhika wusste nicht, was sie von all dem halten sollte, während sie Rohan an sich drückte und sein Köpfchen an ihrer Schulter vergrub. Bald darauf wurde sie von einer weiteren Frau in einem gelben *Sari* begrüßt. Sie hatte langes, fettiges Haar und trug billige Schuhe mit hohen Absätzen, eine Menge Make-up und zumindest für Radhikas Geschmack viel zu viele Armreifen. Selbst die Accessoires in ihrem Haar wirkten geschmacklos. Sie schien Rajan zu kennen, doch ihr Verhalten ließ darauf schließen, dass sie nicht befreundet waren.

Die Frau sprach auf Nepalesisch mit Radhika und stellte sich als Rupa Tamang vor. Radhika war überrascht, zumal sie noch nie solchen Frauen begegnet war. Sie blieben vor dem Haus, tauschten einige Höflichkeiten aus, und zum ersten Mal seit Beginn der Reise entspannte sich Radhika ein wenig. Vielleicht würde es doch nicht so schlimm werden. Vielleicht war sie nur durch ihre Erfahrungen misstrauisch gegenüber jedem geworden.

Dann tauchte ein Mann auf, den Rupa Tamang als ihren Ehemann vorstellte. Er meinte zu Radhika, er würde am nächsten Tag zurückkehren, um ihr bei der Suche nach einer Arbeit zu helfen. Da stellte sich Radhikas Angst wieder ein, doch sie hatte keine andere Wahl, als die beiden zu begleiten.

Sie gingen in das Gebäude voraus. Innen präsentierte es sich genauso wie von außen: schmutzig und verwahrlost. Durch die wenigen Fenster war es ziemlich dunkel, und der Mangel an natürlichem Licht wurde durch die Schatten der angrenzenden Gebäude verstärkt. Das Haus stand inmitten eines dicht besiedelten Gebietes. Die grünen Felder und der blaue Himmel, die Radhika auf dem Weg nach Assam gesehen hatte, gehörten der Vergangenheit an. Im Geiste schüttelte sie sich. Sie war entschlossener denn je, das Beste aus ihrem Schicksal zu machen, und gelobte sich, den Ort zu putzen. Wenn dies Rohans und ihr Zuhause werden sollte, dann wollte sie sich bemühen, es so zu gestalten, dass es sich auch so anfühlte.

Aus unerfindlichem Grund lag das Zimmer, das Radhika zugewiesen wurde, abseits vom Rest des Hauses. Sie fand das zwar merkwürdig, sagte jedoch nichts. Radhika war nur dankbar, endlich einen Platz zu haben, an dem sich Rohan und sie hinlegen konnten. Zwar hatte sie niemanden zum Reden, doch ihr genügte Rohans Gesellschaft vollauf. Radhika trug ihn ständig an der Hüfte, und er wirkte zwar etwas verwirrt von der neuen Umgebung, schien jedoch durchaus zufrieden zu sein, solange seine Mutter bei ihm war. Das Zimmer, das sie sich teilten, war klein und besaß weder Fenster noch eine Klimaanlage. Durch die Hitze im März war die Luft stickig. Der Raum lag im Erdgeschoss des Gebäudes und grenzte an die Wohnung der Tamangs. Braune Farbe schälte sich von den kahlen Wänden, öliger Kochgestank hing in der abgestandenen Luft.

Vereinzelt hörte Radhika durch die Holzwände laute Stimmen, außerdem eine Menge Musik, doch das störte sie nicht.

Tatsächlich fand sie den Lärm beruhigend, weil er bewies, dass sie nicht alleine war.

Am ersten Morgen stand sie früh auf und konnte es kaum erwarten zu erfahren, welche Aufgabe ihr zugedacht war, doch ihr wurde mitgeteilt, sie solle sich entspannen und sich nicht schon so kurz nach ihrem Eintreffen den Kopf darüber zerbrechen. Ihre neuen Arbeitgeber deuteten an, dass Radhika sie als Ersatzeltern betrachten solle, und sie sagten ihr, sie würden sich gerne so lange um Rohan und sie kümmern, bis eine geeignete Arbeit verfügbar würde. Ungeachtet ihrer anfänglichen Befürchtungen verliefen diese ersten Tage für Radhika entspannt und völlig anspruchslos. Sie hatte sich dafür gewappnet, was sie vielleicht erwarten würde – bestenfalls harte Arbeit, schlimmstenfalls Prostitution, aber seltsamerweise ließ man sie in Ruhe. Darüber musste sie ständig nachdenken, träumte sogar davon. Radhika war nicht dumm, und im Verlauf der Tage erwies sich ihre ursprüngliche Vermutung, dass sie sich in einem Bordell befand, als richtig. Allerdings konnte sie sich nicht erklären, weshalb sie nicht gezwungen wurde, ihren Körper so wie die anderen Mädchen zu verkaufen, doch sie war so dankbar dafür, dass sie sich nicht dazu überwinden konnte zu fragen, weshalb sie anders war.

Radhikas Leben schien zunehmend zu einer Abfolge unverständlicher Ereignisse zu werden, aber solange Rohan in Sicherheit und glücklich war, hatte sie nicht vor, Staub aufzuwirbeln. Als die Tamangs sie schließlich aufforderten, einige einfache Reinigungsarbeiten im Haus zu übernehmen, tat sie es bereitwillig, zumal Rohan dabei in ihrer Nähe bleiben konnte. Als Gegenleistung erhielt Radhika proteinreiche Kost in

Form von Fisch, Fleisch, Eiern und Fruchtsaft. Das Essen schmeckte köstlich, war für sie jedoch anfangs nach ihrer langen Zwangsdiät aus Gemüse schwer verdaulich. Sie ließ sich sogar freudig darin unterweisen, wie man Make-up auftrug, wie man sich das Haar richtete, wie man sich kleidete und wie man richtig ging – Dinge, die sie mit ihren Schwestern oder ihrer Mutter nie tun konnte. Und sie hatte auch nie richtige Freundinnen gehabt, mit denen sie sich mit derlei Dingen hätte befassen können.

Im Verlauf der nächsten Tage und Wochen genossen Radhika und Rohan die Zeit, kamen allmählich zu Kräften und durften größtenteils schlafen und einfache Spiele spielen, Dinge, die ihr selbst als Kind nicht möglich gewesen waren.

Vielleicht, so dachte Radhika, hatte sich das Blatt für sie letztlich gewendet. Vielleicht war sie nur wegen der grauenhaften Erlebnisse der vergangenen zwei Jahre so zynisch geworden. Vielleicht war ihr Lakshmi wieder wohlgesonnen. Vielleicht hatte Rajan ihr wirklich helfen wollen und sie hierher statt zu ihrer Schwester in Kathmandu gebracht, weil er wusste, dass es letzten Endes besser für Rohan und sie wäre. Vielleicht hatte sie endlich gute und aufrichtige Menschen gefunden, Arbeitgeber, die ihr helfen wollten, stark zu werden, bevor sie ihr eine ordentliche Arbeit gaben. *Vielleicht*. Dennoch hielten sie nagende Zweifel, die sie bestmöglich unterdrückte, nachts häufig wach.

*

Leider erwies sich Radhikas Hoffnung, ihr Leben könnte sich zum Besseren gewendet haben, als unbegründet. Die acht

Wochen Ruhe und Erholung, die ihr die Tamangs zugestanden hatten, gehörten zu einem aufwendigen und skrupellos umgesetzten Plan, um sie kräftig und attraktiv genug für ihre neue Arbeit als Prostituierte zu machen.

Radhika erinnert sich: »Ich hatte keine Ahnung, dass mir ein gefährliches und selbstzerstörerisches russisches Roulette bevorstand. Die Tatsache, dass ich heute noch lebe und meine Geschichte erzählen kann, gleicht einem Wunder. Ohne Rohan und meine innige Liebe für ihn hätte ich mir am liebsten selbst eine Pistole an die Schläfe gesetzt und abgedrückt.«

»Dhanda« muss beginnen

Eines Tages stürmte ohne Vorwarnung Rupa Tamang ins Zimmer und störte das von Gelächter begleitete Versteckspiel, mit dem sich Radhika und der mittlerweile vierzehn Monate alte Rohan vergnügten. Einige Sekunden lang starrte sie Radhika an, bevor sie verkündete: »*Dhanda** muss beginnen.«

Erschrocken vom ungewöhnlichen Verhalten der Frau erkundigte sich Radhika, was Rupa Tamang damit meinte. Radhika war völlig perplex. Verschwunden war die zuvor so freundliche und rücksichtsvolle Frau, die Rohan und sie unter ihre Fittiche genommen hatte. An ihrer Stelle stand eine bedrohliche Fremde mit harten Zügen.

Radhika erinnert sich: »Ich fragte, von was für einer Art Geschäft sie sprach. Sie befahl mir barsch, den Mund zu halten. Dann begann sie, mein Gesicht zu schminken. Sie meinte, es sei an der Zeit, damit anzufangen, vor dem Gebäude zu stehen.«

* *Dhanda* bedeutet auf Hindi wörtlich »Geschäft«, wird jedoch umgangssprachlich für Prostitution verwendet.

Das Undenkbare war letztlich eingetreten. Radhika hatte sich von einem falschen Gefühl der Sicherheit einlullen lassen. Sie hatte wirklich geglaubt, es würde sich endlich alles zum Besseren wenden, und sie könne Rohan das Leben ermöglichen, das er verdiente. Aber Rupa Tamang zeigte schließlich ihr wahres Gesicht. Wieder hatte Radhika ihr Vertrauen in jemanden gesetzt, der es schamlos ausgenutzt hatte.

Radhikas Leben als Prostituierte sollte beginnen. Wie Rupa Tamang zu ihr gesagt hatte: »*Dhanda* muss beginnen« – ganz gleich, wie sehr Radhika versuchte, sich dagegen zu wehren.

*

Die Nachfrage nach Prostituierten wie Radhika in wirtschaftlich aufblühenden Städten wie Silchar ist groß.

Silchar liegt am Ufer des Flusses Barak in einem Gebiet, das gemeinhin als Barak-Tal bezeichnet wird, und hat als zweitgrößte Stadt des Bundesstaates Assam enorme wirtschaftliche Bedeutung. Die Stadt ist ein Magnet für ehrgeizige Händler aus ganz Indien.

Der Immobilienhandel floriert genauso wie die Wirtschaft, wodurch Silchar ein attraktiver Ort für Menschen ist, die versuchen, ihr Glück zu machen.

Junge Männer strömen auf der Suche nach Arbeit und neuen Chancen in die Gegend. Ob ledig oder nur von ihren Familien getrennt, diese Männer leben allein an einem neuen Ort und ergreifen jede Möglichkeit für etwas Zweisamkeit, vor allem mit jungen, hübschen und willigen Mädchen.

Menschenhändler machen sich die Vorteile der soziodemografischen Veränderungen von Städten wie Silchar schnell zunutze. Es ist einfach, auf solchen Märkten junge Mädchen in die Prostitution zu verkaufen, und unschuldige Nepalesinnen sind bei den Kunden besonders beliebt.

Es gibt in Silchar reichlich Männer, die sich die jämmerlichen zweihundert indischen Rupien, umgerechnet rund drei Euro, für Sex nach einem harten Arbeitstag leisten können. Für die meisten spielt dabei keine Rolle, ob das Mädchen willig ist oder nicht. Ebenso wenig interessieren sie sich für die Geschichten, wie es dazu kam, dass die Mädchen ihren Körper verkaufen. Schließlich bezahlen sie für ihr Vergnügen, und *das* ist alles, was zählt.

*

Radhikas Leben verkam langsam zu einem Albtraum epischer Ausmaße. Aber die Angst davor, was Rohan widerfahren könnte, überwog selbst jene um ihr eigenes Wohlergehen. Wer würde ihn beschützen, wenn sie nicht bei ihm wäre?

Dann tauchte eine mollige Bengalin Anfang zwanzig mit harten Zügen an der Tür zu Radhikas und Rohans Zimmer auf und teilte ihr mit, dass sie gekommen sei, um den Jungen mitzunehmen. Grauen legte sich wie ein Schraubstock um Radhikas Hals, ließ sie flach und stockend atmen. Das konnte nicht wirklich geschehen. Es *durfte* nicht wirklich geschehen. Rohan war viel zu klein, um von ihr getrennt zu werden. Ohne sie würde er nicht zurechtkommen. *Sie* würde ohne *ihn* nicht zurechtkommen. Schließlich hatten sie nur einander, sonst nichts.

Das Gefühl von Verrat und Demütigung, das Radhika überkam, war überwältigend. Sie hatte wirklich angefangen zu glauben, Rupa Tamang stünde auf ihrer Seite. Radhika blickte auf ihren Sohn hinab, der auf dem Boden kauerte und zufrieden vor sich hin summte, nichts davon mitbekam, was sich unterschwellig zwischen Radhika, der Bengalin und Rupa Tamang abspielte.

»Rohan hatte gerade erst zu krabbeln begonnen, er war ein Spätentwickler. Möglicherweise lag es an seiner traumatischen Geburt, bei der sich ihm die Nabelschnur um den Hals geschlungen hatte, vielleicht auch an der schrecklichen Unruhe, die er in seinem so kurzen Leben bereits erfahren hatte.

Erst jetzt entwickelte er ein wirkliches Bewusstsein der Welt rings um ihn. Ich wusste, er würde begreifen, dass er mir weggenommen wurde. Wenn ich an die Angst zurückdenke, die er empfunden haben muss, wird mir immer noch übel.

Ich begann zu betteln und versuchte, die beiden davon zu überzeugen, dass ich mich um Rohan kümmern und gleichzeitig arbeiten könne, aber Rupa herrschte mich nur an: ›Halt den Mund. Du kannst nicht arbeiten und Mutter sein. Wir werden dir Rohan regelmäßig bringen.‹«

Schock und Furcht schlugen rasch in lähmenden Kummer um, als Radhika letztlich verstand, dass dies die Realität ihrer Lage war und sie nichts dagegen tun konnte.

Sie begann, unkontrollierbar zu schluchzen. Ihr zierlicher Körper schüttelte sich krampfhaft, als sie zu begreifen versuchte, was vor sich ging. Nach allem, was sie in den vergangenen Jahren durchgemacht hatte, war Rohan ihr »strahlender Stern«, das einzige Gute in ihrem Leben, der einzige

Grund, weshalb sie überhaupt leben wollte. Er hatte ihr Licht und Hoffnung in einer Zeit zurückgegeben, in der sie dachte, alles sei vorbei – und das, obwohl sie damals erst siebzehn Jahre alt war. Er hatte sie stärker gemacht und ihr zu glauben ermöglicht, dass es eine bessere Zukunft für sie beide geben könnte.

Wie viele nepalesische Mütter hatte Radhika ihren Sohn stets nah bei sich behalten. Wenn sie ihn nicht in bunten Tüchern auf dem Rücken trug, teilte er das Bett mit ihr. Jede Nacht, wenn er die Augen schloss, spürte er den warmen, beruhigenden Atem seiner Mutter auf dem kleinen Gesichtchen, und jeden Morgen, wenn er die Lider öffnete, sah er als Erstes Radhika. Wie sollten sie ohne einander überleben?

Seit Rohans Geburt war Radhika nie mehr als eine Stunde von ihrem geliebten Sohn getrennt gewesen. Wie sollte sie es nun ertragen?

Die mittlerweile hysterische Radhika zwang sich mühsam, sich zu beruhigen. Sie versuchte, vernünftig zu denken, da sie begriff, dass dies die einzige Möglichkeit war, um vielleicht Antworten auf ihre Fragen zu erhalten. Rupa Tamang versprach ihr, dass Rohan an einen wunderbaren, sicheren Ort gebracht würde, wo man sich gut um ihn kümmern würde und wo er mit vielen anderen Kindern zusammen wäre. Sie sagte zu Radhika, dass sie ihn einmal wöchentlich sehen könne, doch Radhika wusste instinktiv, dass sie belogen wurde.

Sie erzählt: »Ich konnte ihr an den Augen ablesen, dass die Wahrheit schmerzlicher und finsterer aussah. Ihr Blick war kalt und hart. Sie fing an, mich anzubrüllen, forderte mich auf, nicht zurückzureden, bevor sie mir ins Gesicht schlug.

Dann drohte sie mir damit, dass man mich umbringen würde, wenn ich nicht mitspielte.«

Radhika erkannte, dass es keinen Ausweg gab. Wenn sie Rohan beschützen und am Leben bleiben wollte, hatte sie keine andere Wahl, als sich allem zu fügen, was diese Frauen wollten.

Langsam durchquerte sie das Zimmer und hob ihren kleinen Sohn hoch. Sie drückte ihn an sich, nahm den vertrauten süßen Geruch des Jungen auf und schmiegte sich an sein Gesicht, als sie ihm so leise zuflüsterte, dass nur er es hören konnte: »Ich liebe dich und werde dich holen kommen. Vergiss mich nie.«

Rohan bemerkte, dass etwas nicht stimmte. Er sah Radhika in die sanften, dunklen Augen und begann zu schluchzen, fing mit langen animalischen Schreien zu weinen an, die aus der Tiefe seiner Seele zu stammen schienen.

»Seine Laute von damals suchen mich noch heute heim«, gesteht Radhika.

Doch es war noch nicht vorbei. Radhika konnte sich nicht dazu überwinden, ihn herzugeben, und schließlich musste ihn ihr die Bengalin wegnehmen. Sie tat es brutal und ohne jedes Mitgefühl, sprang auf Mutter und Kind zu und riss Rohan grob aus Radhikas Armen. Dann drehte sie sich abrupt auf den Absätzen ihrer billigen roten, hochhackigen Schuhe um, murmelte Radhika zu, dass sie Rohan einmal wöchentlich zu Besuch bringen würde, und verschwand mit Radhikas strahlendem Stern in den Armen hinaus in den schwülen Nachmittag.

Radhika taumelte zurück. Ihr zierlicher Körper rutschte langsam an der grob verputzten Wand entlang zu Boden.

»Wie soll ich das Gefühl beschreiben?«, sagt sie. »Ich kann nur sagen, dass mir meine gesamte Welt geraubt, mein Leben zerstört wurde … mir Rohan wegzunehmen, war genauso schlimm, als hätte mir jemand das Herz herausgerissen. Am liebsten hätte ich mich an Ort und Stelle umgebracht, aber ich musste weiterkämpfen, um zu überleben. Ich gelobte mir, dass ich alles tun würde, um Rohan zurückzubekommen.«

Radhika blieb wenig Zeit, um den Verlust ihres Sohnes zu betrauern. *Dhanda* musste beginnen. Radhika konnte nur hoffen, dass man sich ordentlich um Rohan kümmern würde – und nicht auch das eine Lüge gewesen war.

*

Es ist schwierig, exakte Zahlen zu nennen, was die Menge der Frauen angeht, die durch Menschenhandel zu Prostituierten in Silchar oder Assam werden, aber einen Anhaltswert liefert das Rotlichtviertel von Mumbai. Es gilt als das Größte der Welt und generiert jährlich einen Umsatz von mindestens 18 758 755 343 INR (etwa 280 Millionen Euro).

Rund hunderttausend Prostituierte stehen den Männern dreihundertfünfundsechzig Tage im Jahr zur Verfügung und haben im Schnitt täglich sechs Freier, die für ihre Dienste 93 INR (knapp 1,50 Euro) bezahlen. Neunzig Prozent sind abhängige Sklavinnen, laut Menschenrechtsorganisationen gelangt rund die Hälfte davon durch Menschenhandel aus Nepal nach Mumbai. Es ist ein lukratives Geschäft, das dem Drogenhandel zumindest gleichzusetzen ist und diesen manchmal sogar übersteigt.

Das Schicksal der Kinder, die mit ihren Müttern in die Maschinerie des Menschenhandels gelangen, ist gleichermaßen trostlos. Die Beteuerungen der beiden Frauen, dass Rohan gut versorgt würde, waren glatte Lügen.

In den Rotlichtvierteln Indiens lebt eine unbekannte Anzahl von Kindern – unbekannt deshalb, weil so viele vor der Öffentlichkeit versteckt werden. Manche werden in Gefangenschaft geboren, andere, wie Rohan, geraten mit ihren Müttern in das Getriebe.

Anuradha Koirala ist die Gründerin der in Kathmandu beheimateten Zuflucht Maiti Nepal. Ihre Organisation kümmert sich um Frauen und Kinder, die Opfer des Menschenhandels wurden. Sie erklärt: »Wenn eine Mutter mit einem Kind verkauft wird, wollen die Bordellbesitzer nicht, dass die Mutter abgelenkt ist, deshalb trennen sie Mutter und Kind sofort. Die so genannten ›Kinderhorte‹ befinden sich normalerweise in der Nähe der Bordelle – was man den Müttern natürlich nicht sagt. Dort betreuen in der Regel zwei bis drei Frauen zwischen zwanzig und dreißig Kinder. Die Zimmer sind klein, schmutzig und schäbig, die Kinder erhalten eine schlichte Kost aus Reis und wenig Gemüse. Spielzeug gibt es nicht, und schlafen müssen sie nebeneinander auf kleinen, dreckigen Matten auf dem Boden.

Ärzte werden nie gerufen, wenn die Kinder krank sind, es sei denn, die Zustände werden gemeldet. Bestenfalls sieht sich ein örtlicher ›Quacksalber‹ ein sehr krankes Kind an. Allgemein müssen sich die Kinder ständig ruhig verhalten. Ihre Schreie werden zum Verstummen gebracht, indem sie vorsätzlich krank gemacht werden.

Das Aufsichtspersonal der Kinderhorte – das natürlich zu den Menschenhändlerringen gehört – verbrennt ihnen mit Zigaretten entweder die Zungen oder die Genitalien. Die Absicht dahinter ist, ein Kind so gefügig oder so krank zu machen, dass es nicht mehr nach seiner Mutter ruft.

Viele Kinder liegen zuerst stöhnend herum, und ein Teil von ihnen wird durch das Trauma der Erfahrungen letztlich völlig stumm.«

*

Radhikas Brust schmerzte vom vielen Schluchzen.

Sie kauerte in der Ecke des schäbigen Zimmers, das sie die vergangenen Wochen zusammen mit Rohan bewohnt hatte, und begann, das knallige Make-up aufzutragen, das Rupa Tamang ihr zugeworfen hatte.

Nun erst wurde ihr die wahre Bedeutung des Unterrichts klar, den ihr die Frau erteilt hatte, um ihr zu helfen, femininer auszusehen. Zuvor hatte sie gedacht, es sei nur ein Spaß unter Frauen, und es hatte ihr sogar Vergnügen bereitet, aber mittlerweile kannte sie die Wahrheit – man hatte ihr lediglich gezeigt, wie sie sich bestmöglich präsentieren konnte, um Sex zu verkaufen.

Schweigend benutzte Radhika einen kleinen, zerbrochenen Handspiegel, um ein Produkt nach dem anderen aufzutragen – zuerst dicken schwarzen Kajal, um ihre bezaubernden, gewölbten Brauen zu betonen, dann grünen Lidschatten und zuletzt, um die Verwandlung vom unschuldigen Dorfmädchen in eine schamlos Frau zu vollenden, blutroten Lippenstift.

Mit jedem Strich des Make-up-Pinsels spürte Radhika, wie ihr die eigene Identität ein Stück weiter entglitt. Sie beobachtete, wie im Spiegel das Bild einer fremden, härteren, weltlicheren Frau auftauchte. Dies war nicht sie.

Zuletzt zog sie die »Uniform« an, die Rupa Tamang ihr zur Verfügung gestellt hatte. Sie fühlte sich in dem muschelrosa Spitzenbüstenhalter, dem dazu passenden Schlüpfer und dem Negligé gehemmt und fast nackt, wenngleich sie solche Kleidung unter anderen Umständen vielleicht sogar hätte genießen können. Außerdem fürchtete sie sich mittlerweile vor dem anderen Geschlecht, was sie durch bittere Erfahrungen gelernt hatte – mit Pariyar, ihrem gewalttätigen, trinkenden Ehemann, den sie unter Zwang geheiratet hatte; und mit den Menschenhändlern, die sie an diesen Ort gebracht hatten.

Radhika hatte nie gelernt, wie man sich begehrt oder begehrenswert fühlte, kannte nur, wie man sich wertlos und unerwünscht vorkam. Der kurze schwarze Rock und die billigen rosa Stöckelschuhe, die sie anziehen musste, um für *Dhanda* zu werben, trugen nur dazu bei, ihr ohnehin erschüttertes Selbstwertgefühl weiter zu untergraben. Als sie sich im Spiegel betrachtete, war die Verwandlung in eine verführerische Slum-Nutte abgeschlossen.

»Natürlich wurde ich oft gefragt, wieso ich nicht einfach weggerannt bin. Aber ist das nicht offensichtlich?«, fragt Radhika weinend. »Die Menschenhändler hatten mir meinen Sohn weggenommen und wussten, dass ich nicht ohne ihn gehen würde. Gibt es eine bessere Möglichkeit, eine Mutter zu versklaven?

Ich sollte ein höheres und schrecklicheres Lösegeld zahlen, als sich je jemand hätte vorstellen können.«

Linkisch stakste Radhika den Gehweg entlang. Durch die neuen Schuhe fiel es ihr schwer, mit gesenktem Blick ordentlich zu gehen. Der Gehweg sollte ihr als »Catwalk« bekannt werden – eine höchst ironische Bezeichnung, zumal die Straße alles andere als den Hochglanzlaufstegen der Modewelt von Paris und Rom entsprach. Tatsächlich werden als »Catwalk« die Gehwege bezeichnet, auf denen Prostituierte in den Elendsvierteln von Indien ihre Dienste anpreisen müssen.

Schließlich gelangte Radhika zu dem alten blauen Plastikstuhl, der ihren Standplatz darstellte. Sie räusperte sich, bevor sie die widerliche, kitschige Floskel aussprach, die Rupa Tamang sie unzählige Male hatte wiederholen lassen: »Chalo mere saath, chalo mere saath« – Hindi für *Komm mit mir, komm mit mir.*

Sie versuchte, sich anzupassen, und flüsterte die Worte verführerisch, doch sie konnte dabei nur an Rohan denken. Wo war er? Was machte er gerade? Ging es ihm gut? Hatte er schon zu weinen aufgehört? Hielt ihn jemand fest? Radhika fühlte sich vor Kummer wie betäubt.

Rund eine Stunde verging, bevor Radhika gezwungen war, ihren ersten Freier zu beglücken. Die Erfahrung ist ihr noch lebhaft in Erinnerung und vom gespenstischen Geräusch eines einschnappenden Türriegels begleitet. »Ich glaube, dieses Geräusch werde ich nie vergessen, so schlicht und doch grauenhaft und erstickend war es.

Der Mann wählte mich auf dem Catwalk aus einer Gruppe von Mädchen aus, weil er meinte, ihm gefielen meine helle Haut und meine zierliche Gestalt. Dann folgte er mir ins Gebäude. Ich versuchte, so zu tun, als wäre ich jemand anders, eine Schauspielerin, die eine Rolle in einem Film spielte.

Er war fett, dunkel und Furcht einflößend. Innerhalb von Sekunden fiel er über mich her, warf mich auf die Matratze und wollte mir die Unterhose vom Leib reißen. Ich setzte mich instinktiv zur Wehr, und es gelang mir, schreiend und zitternd aus dem Zimmer zu flüchten. Die Bordellbesitzerin Rupa Tamang kam mir entgegen. Sie packte mich am Haar und sagte: ›Du bist verkauft worden und für jeden außer für mich nutzlos. Wenn du deinen Sohn wiedersehen willst, hast du keine andere Wahl.‹ Dann zwang sie mich, in den Raum zurückzukehren. Das war mein erster Kunde. Er missbrauchte mich auf jede erdenkliche Weise, zwang mich, ihn oral zu befriedigen und Analsex über mich ergehen zu lassen. Die ganze Zeit über drang der Gestank von Alkohol und Schweiß aus seinen Poren. In den Bordellen der Elendsviertel geht es nur um die Zufriedenheit der Kunden. Als Person hört man auf zu existieren. Und das war etwas, das ich schnell lernen musste.

Ich begann, die Kunst zu perfektionieren, meinen Geist von meinem Körper zu lösen, aber ich erinnere mich noch daran, wie ich bei mir dachte: ›Das ist das Ende von allem – das Ende meines Lebens, wie ich es bisher kannte.‹«

*

Anfangs musste Radhika mit bis zu fünfzehn Freiern pro Tag schlafen. Gegen Ende der sechs Monate, die sie in Assam verbrachte, hatte sich die Zahl auf zwanzig bis dreißig erhöht. Der Preis betrug lediglich umgerechnet annähernd drei Euro für den vollen Akt. Nur wenige Freier wollten ein Kondom benutzen, doch Radhika sagt, Rupa Tamang bestand darauf, wenngleich keineswegs aus Sorge um das Wohlergehen ihrer »Mitarbeiterinnen«. Sie fürchtete vielmehr, dass tote oder schwerkranke Mädchen ihre Gewinnspannen schmälern könnten.

Manche Freier verletzten Radhikas Seele, andere bedrohten ihr Leben. Im Verlauf der Monate hatte sie unzählige Begegnungen, eine jedoch ist ihr in Erinnerung geblieben. Ein junger Mann, der aus wohlhabenden Verhältnissen zu stammen schien, wählte Radhika vom Catwalk aus. Er war gut gekleidet und drückte sich gewählt aus. Sie hatten Sex, als er jedoch Analverkehr vorschlug und sich Radhika weigerte, schlug seine Stimmung jäh um. Plötzlich zog er ein großes Küchenmesser hervor und griff Radhika damit an.

Hysterisch rannte sie auf die Straße, nur mit BH und Slip bekleidet, und schrie aus voller Kehle. Sie konnte nur daran denken, was aus Rohan werden sollte, wenn sie nicht mehr wäre, um ihn eines Tages vor den Leuten zu retten, die ihn entführt hatten. Als letztlich die Polizei eintraf, wurden nur die Mädchen im Bordell von Rupa Tamang zusammengerufen und in einem Tunnel hinter der Treppe versteckt. Viele der Polizisten waren ohnehin vertraute Gesichter, denn einige zählten zu den Gästen des Hauses, während sich andere von Tamang bestechen ließen, damit sie ungestört ihr Bordell betreiben konnte.

In den langen Monaten, die Radhika damit verbrachte, ihren Körper und ihre Seele auf der vergammelten Matratze in Assam zu verkaufen, sah sie ihren Sohn nie. Die ihr gegebenen Versprechen wurden natürlich gebrochen, und man gestattete ihr keinerlei Besuche ihres geliebten kleinen Jungen.

Erkundigungen nach Rohan wurden regelmäßig mit heftigen Schlägen und mit Zigaretten beantwortet, die man an ihren Armen und Beinen ausdrückte. Alles, was sie am Leben erhielt, war die Hoffnung, eines Tages mit Rohan wiedervereint zu sein, und so ertrug sie die Schläge und Verbrennungen und fragte immer wieder, wann sie ihn endlich sehen dürfe.

Und dann schien es eines Tages, als würden ihre Gebete erhört – wenngleich nicht so, wie sie es sich erhofft hatte. Im Bordell tauchte ein neuer Bekannter von Rupa Tamang auf, ein Achtzehnjähriger namens Raju Tamang, der damit beauftragt worden war, Radhika in eine neue Stadt zu bringen. Trotz desselben Nachnamens schienen Rupa und Raju nicht miteinander verwandt zu sein, obwohl Radhika vermutete, dass sie aus demselben Dorf irgendwo in Nepal stammten.

Radhika erzählt: »Tamang erklärte mir, dass ich nach Kalkutta reisen würde, weil das Geschäft dort besser sei. Am Tag, als ich aufbrechen sollte, kam plötzlich die Bengalin mit Rohan. Ich rannte zu ihm und schlang die Arme um ihn, zerzauste ihm das Haar und küsste sein kleines Gesicht, doch es zerbrach mir das Herz, als er mich für eine Fremde zu halten schien und sich am Hals der Bengalin festklammerte.

Rohan war völlig verwirrt und schien sie als seine Mutter zu betrachten. Er sah gesund aus und war in saubere Jeans und ein T-Shirt gekleidet, aber ich fühlte mich so vollkommen hilflos. Mein eigener Sohn erkannte mich nicht, und ich fürchtete, er könnte für immer verloren für mich sein. Allerdings blieb keine Zeit, um über irgendetwas nachzudenken. Wieder gingen mein geliebter kleiner Sohn und ich auf Reisen.«

Ihr wurde eine halbe Stunde eingeräumt, um ihre Habseligkeiten in Rupa Tamangs Bordell in einer kleinen Plastiktüte zu verstauen. Radhika wappnete sich sowohl mental als auch körperlich für die anstrengende Reise nach Kalkutta, 518 Kilometer südwestlich von Assam.

Die Abenddämmerung brach an, als sie in die Tüte hastig ihre billigen Spitzengewänder und ihr buntes Make-up einpackte, die zu den Werkzeugen ihres seelenzerstörerischen Handwerks geworden waren.

Rohan saß indes da und beobachtete seine Mutter mit resignierter Miene. Trotz der Traumata, die er eindeutig durchlebt hatte, gab es weder Tränen noch Geschrei. Es erfüllte Radhika mit größter Besorgnis, dass er stumm geworden war.

Radhika sagt: »Als mir Rohan weggenommen wurde, fing er gerade an, Worte zu bilden und Lieder zu singen. Nun sagte er überhaupt nichts mehr.

Aus seinem Gesichtsausdruck las ich Wut und entsetzliche Angst. Ich nehme an, er erkannte mich in gewisser Weise zwar immer noch als seine Mutter, aber ich war meiner Aufgabe nicht ordentlich nachgekommen. Ich hätte diejenige sein sollen, die ihn vor Schaden bewahrt, und ich hatte ihn jämmerlich im Stich gelassen.

Mich überrascht nicht, dass er mir nicht noch einmal vertrauen wollte. Es schien, als dächte er dasselbe wie ich: ›Wir sind zwar wieder zusammen – aber wie lange?‹

Ich fragte die Bengalin wegen Rohan aus, erkundigte mich, wie man ihn versorgt hatte, aber sie antwortete mir nicht.

Das brauchte sie auch nicht. Rohans Traurigkeit sprach Bände.«

Radhika konnte sich nur an ihrem Sohn festklammern, obwohl der Junge sie nicht mehr als seine Mutter anzuerkennen schien.

Sonagachi-Lied

Raju Tamang, ein dünner, drahtiger Junge mit strähnigem schwarzem Haar, der ständig eine gefälschte Designer-Sonnenbrille trug, begleitete Radhika und Rohan auf der beschwerlichen Reise von Silchar nach Kalkutta.

Die Busfahrt dauerte zwei Nächte und einen Tag, und Raju hatte eine wichtige Aufgabe: Er sollte sicherstellen, dass seine kostbare Fracht ihr neues Ziel erreichte. Durch ihr gutes Aussehen, ihre helle nepalesische Haut, ihre Unschuld und ihr überwiegend gefügiges Wesen verkörperte sie ein viel zu gewinnbringendes Handelsgut, um das Risiko einzugehen, sie unterwegs zu verlieren.

Radhika beklagte sich nicht, sondern genoss jede Sekunde der anstrengenden Reise. Sie hatte sich ihrem schrecklichen Schicksal neuerlich ergeben und hielt Rohan so fest, dass er kaum atmen konnte. Es fühlte sich gut an, zu spüren, wie samtweich seine Haut war, und mit den Fingern über sein glänzendes schwarzes Haar zu streichen.

Die zwei Nächte, die sie zusammen reisten, blieb Radhika wach, damit sie ihren kleinen Sohn beim Atmen beobachten konnte. Sie wusste, dass seine Unschuld wegen des entsetzlichen Strudels der Verbrechen, in den sie beide gesogen worden waren, langsam verging. Doch in jenen Augenblicken, als Rohan in ihren Armen schlief, war er dasselbe süße Kind, das sie auf dem Boden einer Lehmhütte im März 2004 zur Welt gebracht hatte. Und in ihren Träumen war sie dieselbe perfekte Mutter, die gelobt hatte, ihr Kind vor allem zu beschützen.

Das Quietschen der altersschwachen Bremsen riss Radhika aus ihren tiefen Gedanken. Der Bus hatte sein Ziel erreicht, und eh sie sich versah, ging ihre Zeit mit Rohan zu Ende. Raju scheuchte sie aus dem Bus, besorgte sofort ein Taxi und verstaute seine kostbare Fracht darin, bevor Radhika wusste, wie ihr geschah.

Radhika sagt dazu: »Diesmal hatte ich keine Fragen und zeigte keine Emotionen. Ich hatte eine gute Vorstellung davon, was das Schicksal für Rohan bereithielt, aber ich konnte mich nicht überwinden, daran zu denken, wieder von ihm getrennt zu werden. Innerhalb von nur achtundvierzig Stunden hatte er angefangen, mich wieder als seine Mutter zu erkennen. Würden wir erneut auseinandergerissen, so fürchtete ich, es könnte uns diesmal zerbrechen.«

Die zweistündige Taxifahrt führte zuerst durch ländliches Gebiet, dann durch dicht besiedelte Vororte und schließlich hinein in den Schlund der weitläufigen Stadt Kalkutta. Radhika und Rohan stiegen aus und betrachteten ihr neues Zuhause. Diesmal bestand kein Zweifel daran, dass es sich bei dem Gebäude um ein Bordell handelte.

Das heruntergekommene vierstöckige Haus wirkte auf Radhika noch abstoßender als das Freudenhaus in Silchar, vor dem Rajan Pariyar sie damals abgesetzt hatte. Es bildete einen jämmerlichen Kontrast zu vielen anderen Bauwerken der Stadt, die eine prächtige Architektur und historische Bedeutung besitzen.

Die in Westbengalen gelegene Stadt Kalkutta (heute offiziell Kolkata) war bis 1912 die Hauptstadt des britischen Kolonialreichs. Viele der Gebäude der Stadt sind mit gotischen, barocken, romanischen, orientalischen und indo-islamischen Motiven geschmückt. Einige bedeutende Bauwerke aus der Kolonialzeit sind gut erhalten und wurden zu Kulturerbe erklärt, während andere unterschiedlich stark verfallen sind.

Radhikas neues »Zuhause« war über das Stadium bloßen Verfalls längst hinaus. Morsches Holz bildete die Grundfesten, die mehrere Ebenen mit pferchartigen Räumen stützten. Die winzigen Fenster an der Vorderseite des Gebäudes dienten primär als Zierwerk. Die Mädchen, die gezwungen waren, in der Mitte und an der Rückseite des Hauses zu leben, bekamen so gut wie keine frische Luft und mussten von früh bis spät abgestandenen, schweißgetränkten Sauerstoff atmen.

Wer das Glück hatte, gelegentlich einen Blick auf die Straßen draußen zu erhaschen, fand sich in einem Chaos wieder, das man gesehen haben muss, um es sich vorstellen zu können. Kalkutta hat aktuell über fünfzehn Millionen Einwohner und ist damit der drittgrößte Ballungsraum in Indien und eines der bevölkerungsreichsten Stadtgebiete weltweit.

Kalkutta ist als achtgrößtes Ballungsgebiet der Welt eingestuft. Für ein einfaches Mädchen vom Land wie Radhika fühlte sich die Stadt völlig fremd und beunruhigend an. Der bloße Anblick ihrer Umgebung bewirkte, dass sich ihr Magen sofort zusammenkrampfte.

Radhika mit ihrem Sohn Rohan

Radhikas Mutter, Maiya Phuyal

Radhikas Vater, Ramprasad Phuyal

Radhikas Großmutter väterlicherseits, Hari Prem

Radhikas Familie vor deren Heim in Kavresthali. Hintere Reihe von links nach rechts: Radhika, Parvati Khatiwada (Radhikas älteste Schwester), Balkrishna (Radhikas Bruder), Nani Maiya (Radhikas jüngste Schwester). Vordere Reihe von links nach rechts: Ramprasad (Radhikas Vater), Hari Prem (Radhikas Großmutter), Rohan und Maiya (Radhikas Mutter).

Der Balaju-Gemüsemarkt, wo Radhikas Albtraum in den Fängen des Menschenhandels begann.

Bahnhof von Chennai. Dorthin wurde Radhika gebracht, nachdem sie betäubt worden war. Danach ging es in ein nahes Krankenhaus, wo ihr eine Niere gestohlen wurde.

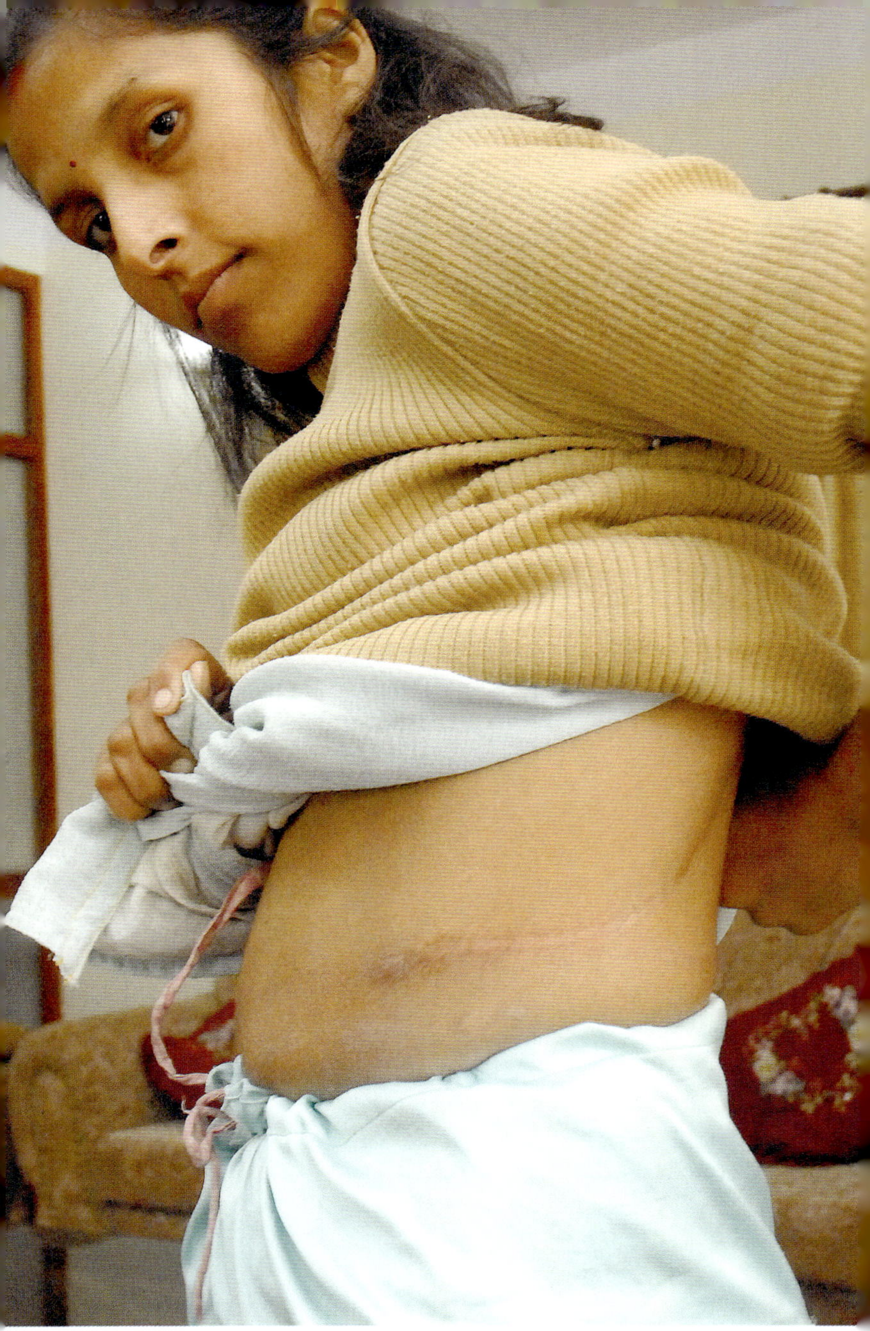

Radhika zeigt die Narbe von ihrer unfreiwilligen Nierenspende in einem Krankenhaus in Chennai.

Sindhupalchok, eine verarmte Gegend zwanzig Kilometer nordöstlich von Kathmandu. Dorthin zog Radhikas Ehemann Rajesh mit ihr nach der Hochzeit. Rohan wurde dort geboren.

Krishna »Purne« Pariyar, einer der Männer, die Radhika verkauft haben. Im Juni 2010 wurde er wegen Menschenhandels zu einer vierjährigen Haftstrafe verurteilt.

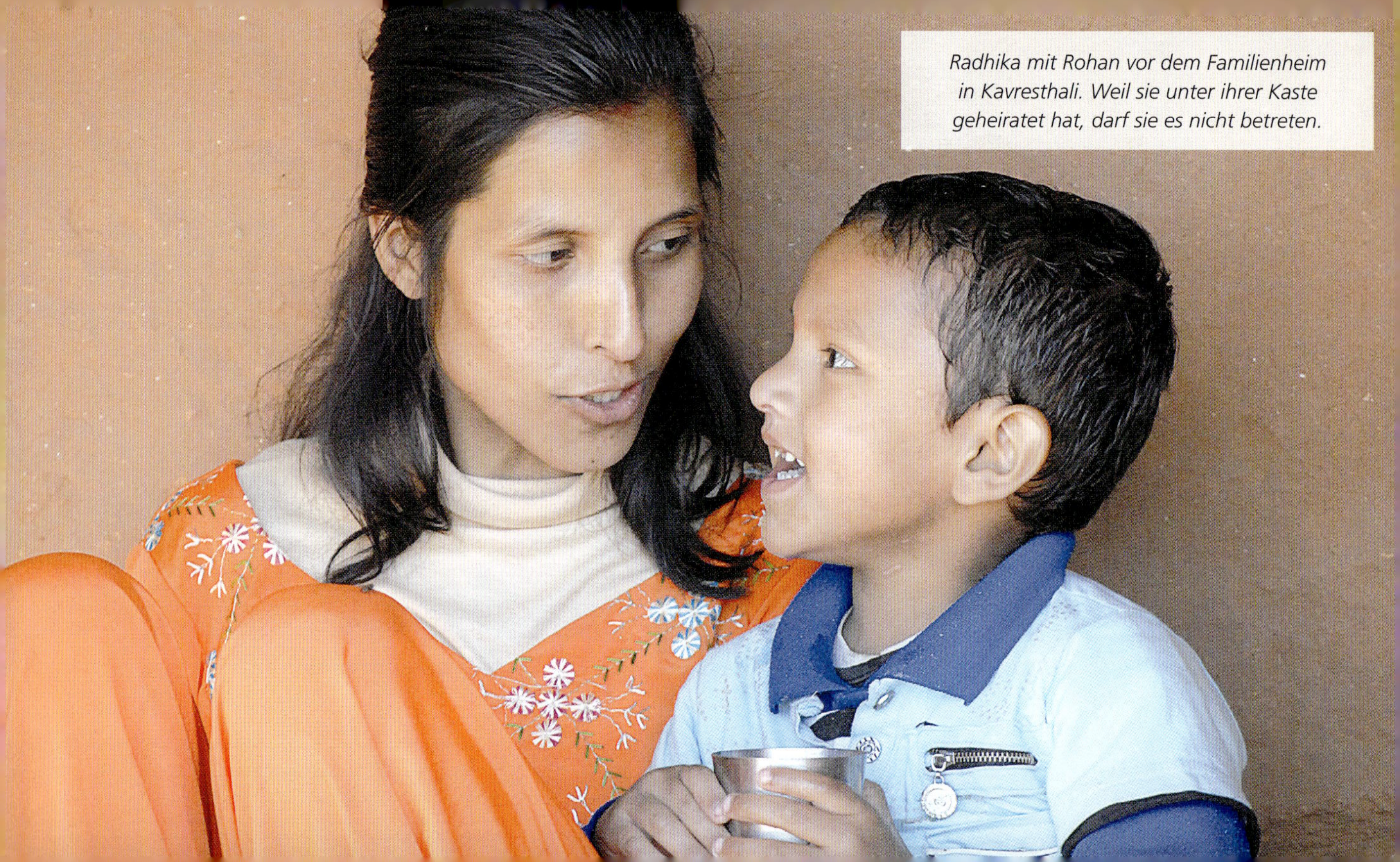

Radhika mit Rohan vor dem Familienheim in Kavresthali. Weil sie unter ihrer Kaste geheiratet hat, darf sie es nicht betreten.

Rechts: Lakshmi, die Hindu-Göttin des Glücks und Wohlstands. Zu ihr hat Radhika oft gebetet.

Züge spielten bei Radhikas Erfahrungen in Indien eine wichtige Rolle – nicht nur, weil sie damit von einem Bordell zum anderen befördert wurde, sondern auch, weil sie während der Reisen mit ihrem geliebten Sohn Rohan wiedervereint war.

Die Haftanstalt Tripureswor in Kathmandu, wo Rajan Pariyar und Krishna »Purne« Pariyar vor ihrer Verurteilung im Juni 2010 festgehalten wurden.

Die Zuflucht Maiti Nepal, die Radhika und Rohan mittlerweile als ihr Zuhause betrachten.

Die Gründerin von Maiti Nepal, Anuradha Koirala.

Radhika und andere Mädchen beim Anfertigen von Perlenarmbändern in der Werkstatt von Maiti Nepal.

Radhika, Rohan und andere Kinder, die den Menschenhandel überlebt haben.

Radhika und Rohan mit ihrer Familie auf dem Rückweg in ihr Heimatdorf.

Eine strahlende Radhika und Rohan mit Radhikas Großmutter und Vater vor dem Familienheim.

Radhikas Vater Ramprasad mit Rohan

Radhikas jüngste Schwester, Nani Maiya, mit Rohan

Rohan mit Radhika und ihrer Mutter

Sharon Hendry (rechts) beim Interview mit Radhikas 102-jähriger Großmutter, Hari Prem (links), umterstützt von Übersetzerin Elisha (Mitte).

Radhika und Rohan, glücklich vereint

Ihre Angst erwies sich als berechtigt. Ihr Gespür für Gefahr war deutlich besser geworden, vermutlich durch die sechs Monate in Silchar und die Erfahrungen, die sie dort machen musste. Der Ort, an den sie gebracht worden war, unterschied sich völlig von Rupa Tamangs Bordell. Dieses Gebäude lag im berüchtigten Rotlichtviertel Sonagachi im Norden von Kalkutta. Für die vielen jungen Sklavinnen, die gezwungen sind, ihre Körper in den dunklen Nischen des Hauses zu verkaufen, ist es buchstäblich die Hölle auf Erden.

Sonagachi bedeutet auf Bengalisch »goldener Baum«, allerdings haben die etlichen mehrstöckigen Bordelle, die dort die Skyline beherrschen, nichts auch nur annähernd Erhebendes. Geschätzte zehntausend Prostituierte sind gezwungen, auf dem Catwalk oder Strich in der Nähe der verkehrsreichen Kreuzung von Chittaranjan Avenue, Shobba Bazar und Beadon Street zu arbeiten. Unmittelbar nördlich dieses Abbilds der Hölle erhebt sich der Marmorpalast aus dem 19. Jahrhundert in all seiner Pracht. Er wird noch immer von den Nachfahren von Raja Rajendra Mullick Bahadur bewohnt, einem reichen bengalischen Händler und leidenschaftlichen Kunstsammler, der das Bauwerk im Jahr 1835 errichten ließ. Raja Rajendra Mullick war der Adoptivsohn von Nilmoni Mullick, der seinerseits in der Zeit vor dem Marmorpalast einen Jagannath-Tempel bauen ließ. Dieser befindet sich noch immer auf dem Grundstück, ist jedoch nur für Mitglieder der Familie zugänglich.

Das Haus ist mit einer unschätzbaren Sammlung viktorianischer Möbel, riesigen Kronleuchtern sowie Büsten von Königen und Königinnen eingerichtet. Außerdem beherbergt es

Gemälde von gefeierten Künstlern wie Sir Joshua Reynolds, englischer Porträtmaler aus dem 18. Jahrhundert, Rubens, flämischer Barockmaler aus dem 17. Jahrhundert, und Tizian, dem italienischen Künstler und bedeutendsten Vertreter der venezianischen Schule des 16. Jahrhunderts. Vermutlich verdeutlicht die Diskrepanz zwischen Arm und Reich in Indien nichts besser als dieser Palast samt seinen Bewohnern und die Prostituierten der Elendsviertel, die in der unmittelbaren Nachbarschaft leben.

*

Für Radhika beschwor ihr neues Zuhause sofort das Bild eines Gefängnisses in einem Slum herauf. Das vorherige Bordell in Silchar, Assam, wirkte im Vergleich dazu wie ein Palast.

Radhika sagt: »Ich ging direkt in den vierten Stock und lernte die *Gharwali* kennen, die Bordellbesitzerin. Maya Tamang war eine fette hellhäutige Frau Ende dreißig. Sie trug einen teuer wirkenden, gelben und grünen *Sari*. Ich suchte ihr Gesicht auf Anzeichen von Gefühlsregungen ab, fand jedoch keine. Ihr leerer Ausdruck verängstigte mich, denn ich wusste instinktiv, was er bedeutete, nämlich dass sie gleichgültig gegenüber all dem Leid geworden war, das mir blühte. Ich hatte diesen Gesichtsausdruck schon früher gesehen. Dann machte sich Raju zum Aufbruch bereit. Er sah mir in die Augen, deutete auf Tamang und sagte nur: ›Sie wird dir alles beibringen, was du wissen musst.‹ Damit wandte er sich ab und verschwand hinaus auf die chaotische Straße.

Tamang begrüßte mich kurz und forderte mich auf, ihr meinen Namen zu nennen, bevor sie eine andere Frau ins Zimmer rief. Diese war mittleren Alters, ebenfalls fett und hatte langes schwarzes Haar und einen großen Leberfleck auf der Wange. Ihre schmalen Augen ließen mich vermuten, dass sie aus der Himalaja-Region Nepals stammte. Es bedrückte mich, schon wieder einer Landsmännin zu begegnen, die sich gegen ihr eigenes Volk gewandt hatte. Dadurch, wie sie und Maya Tamang meinen Rohan ansahen, wusste ich auf Anhieb, welche Rolle sie spielen würde.«

Radhika lernte schnell. Wie in dem anderen Bordell wurde Rohans Anwesenheit als Ablenkung vom *Dhanda* betrachtet. Die Vorgehensweise der Bordellbesitzerinnen in den Elendsvierteln bestand grundsätzlich darin, ihren Arbeiterinnen etwaige Kinder wegzunehmen. So funktionierten die Mädchen nicht nur effizienter, die Puffmütter hatten zudem auch ein Druckmittel gegen sie.

Radhika musste mit ansehen, wie ihr Sohn zum zweiten Mal in seinem kurzen Leben von ihr getrennt wurde. Sie konnte weder sprechen, noch sich bewegen, zu qualvoll und herzzerreißend war es, ihn gehen zu sehen. Rohan wehrte sich nicht. Auch gab es kein Schluchzen oder Schreien wie bei ihrem letzten Abschied. Stumm und mit gesenktem Kopf ließ er sich von seiner neuen »Ersatzmutter« aus dem Raum tragen. Offenbar hatte er ein ungesundes Vertrauen gegenüber Fremden entwickelt, und die Erkenntnis versetzte Radhika einen weiteren Stich im Herzen. Als er außer Sicht verschwand, spürte sie, wie ihr Blut in den Kopf schoss, und sie vernahm ein lautes Summen in den Ohren. Ihre Beine knickten unter ihr ein, und sie brach auf den Boden zusammen.

Ein unsanfter Ruck an ihrem Handgelenk holte Radhika jäh zurück in die grausame Wirklichkeit. Sie hatte kaum Zeit, sich die Tränen und den Rotz aus dem Gesicht zu wischen, bevor ihr Maya Tamang, die Bordellbesitzerin, Befehle ins Gesicht keifte.

Mit tiefer, männlich anmutender Stimme begann sie, ihre neueste Sklavin mit der Hausordnung vertraut zu machen. »Hör gut zu. Um acht hast du bereit für die Arbeit zu sein. Du stellst dich draußen hin und lockst Kunden herein. Um dreizehn Uhr machst du kurz Mittagspause, um fünfzehn Uhr gibt es Tee und um zwanzig Uhr Abendessen. Fleisch bekommst du alle drei Tage, dazwischen Reis und *Dal*. Dein Ziel muss es sein, um die dreißig Gäste pro Tag zu befriedigen und ihnen je 200 INR (etwa 3 Euro) zu berechnen. Jegliches Trinkgeld ist mir auszuhändigen. Und jetzt folg mir in dein Zimmer. BEEILUNG!«

Maya Tamang führte Radhika in einen kleinen Raum, der aus vier mit dreckigen, schwarzen und weißen Vorhängen voneinander getrennten Kabinen bestand. Zumindest besaß die rechteckige Kammer an einem Ende den Luxus eines Fensters, doch der Gestank von Sex und Schweiß überwältigte Radhika, und einen Moment lang fühlte sie sich erneut einer Ohnmacht nahe.

Als Nächstes wurde Radhika ihren Zimmergenossinnen vorgestellt. Sie schätzte die drei hübschen nepalesischen Mädchen auf vierzehn bis achtzehn Jahre, ähnlich wie sie selbst. Radhika fand ihren Anblick beängstigend – ein Zeichen dafür, was auch ihr widerfahren konnte, wenn sie es zuließe. Ihre leeren Gesichtsausdrücke und stumpfen Augen ließen erahnen, dass ihr Geist durch die Schrecken, die sie ertragen mussten, bereits gebrochen war. Radhika war fest entschlossen, dass ihr das nicht passieren würde. Sie würde immer kämpfen – für Rohan, wenn schon nicht für sich selbst. Später sollte Radhika erfahren, dass die Geschichten der Mädchen auf schmerzliche Weise an ihre eigene erinnerten. Auch sie waren unschuldige Mädchen aus Dörfern, die mit dem Versprechen einer guten Arbeit und eines besseren Lebens in das Sexgewerbe gelockt worden waren.

Hin und wieder sprachen sie von Flucht, doch Radhika wusste, dass dies nur ein unmöglicher Traum war: Sie befanden sich im vierten Stock des Gebäudes, etwa fünfundzwanzig Meter über dem Erdgeschoss. Außerdem wimmelte es im Bordell von Sicherheitspersonal. Und dann war da noch die Puffmutter selbst. Radhika sollte noch erfahren, dass die Frau eine sadistische Vorliebe für Gewalt hegte.

Zu willkürlichen Zeiten während des Tages mussten sich die Mädchen in dem Moment vor Prügel wappnen, wenn sie hörten, wie Maya Tamangs Kunststoff-Flipflops durch den Gang quietschten. Tamang bereitete es sichtlich Vergnügen, die Mädchen für etwas zu bestrafen, das sie als Verstöße gegen die Hausordnung betrachtete. Wer nur die geringsten Anzeichen von Ungehorsam erkennen ließ, bekam ihre Lieblingswaffe zu spüren – ein schweres Eisenrohr, das sie gekonnt mit ihren fleischigen Armen schwang.

Radhika musste solche Schläge oft über sich ergehen lassen, weil es ihr nicht gelungen war, die Zielvorgabe von dreißig Kunden pro Tag zu erreichen. Und sie hat immer noch die Narben von Zigarettenverbrennungen, die ihr von Tamang bei der geringsten Meinungsverschiedenheit zugefügt wurden. Noch schockierender ist, dass Tamang Radhika einmal siedend heißes Wasser über den Rücken goss, als sie es wagte, ihr zu widersprechen. Das Thema, um das es ging, war so belanglos, dass sich Radhika nicht mehr daran erinnern kann.

All das bedeutete, dass die Konsequenzen der Entdeckung eines Fluchtplans oder eines erfolglosen Fluchtversuchs schlichtweg unvorstellbar waren. Zudem war da noch Rohan. Und Radhika hatte keine Ahnung, wo er sich befand.

*

Radhika sollte bald erfahren, dass es überall gewalttätige Männer gibt, und die Klientel des Bordells in Kalkutta erwies sich als besonders brutal. Eine ihrer ersten Begegnungen mit einem Gast verlief grauenhaft. Der Mann war so betrunken, dass er kaum aufrecht stehen konnte. Er schleuderte Radhika auf das Bett und trat sie anschließend so heftig mit seinen Lederstiefeln, dass sie eine hässliche Narbe am rechten Schienbein davontrug.

Die Routine, der sich die Mädchen fügen mussten, kannte keine Unterbrechungen. Nach jedem Gast musste das Makeup neu aufgetragen werden, und Maya Tamang zwang ihre Sklavinnen sogar, weiterzuarbeiten, während sie ihre Menstruation hatten, wenngleich diese bei vielen Mädchen aufgrund der körperlichen Erschöpfung ohnehin aussetzte.

Von Radhikas Körper forderte die Arbeit allmählich ihren Tribut, obwohl sie immer noch keine zwanzig Jahre alt war. Die Narbe von ihrer Nierenoperation verursachte ihr große Schmerzen und erinnerte sie ständig daran, wie alles begonnen hatte. Vereinzelt erkundigten sich Gäste danach, woher sie die Narbe hatte, und sie erfand verschiedene Geschichten über Probleme bei der Geburt.

Doch keinerlei physische Schmerzen, die Radhika zugefügt wurden, reichten an die seelischen Qualen heran, an denen sie litt.

Rohan beherrschte ihre Gedanken von früh bis spät. Wo war er? Wo versteckte man ihn diesmal? Redete er inzwischen wieder? Oder war er immer noch stumm? Lag er nachts wach und weinte um sie?

Während die Prostitution nach und nach ihren Körper zerstörte, empfand sie die Trennung von Rohan als wesentlich schlimmer, zumal sie ihre Seele zerfraß.

Nach zwei Monaten ständigen Bettelns wurde Radhika schließlich ein fünfzehnminütiges Treffen mit ihrem Sohn gewährt. Mit mittlerweile zwanzig Monaten hatte er endlich gehen gelernt – doch es schmerzte Radhika zutiefst, dass er seine ersten Schritte gemacht hatte, ohne dass seine stolze Mutter sie bezeugen konnte.

Radhika schildert: »Rohans neue Betreuerin brachte ihn in einen Nebenraum in der Nähe meines Zimmers. Er stand aufrecht, lief selbstsicher auf seinen kleinen Beinen. Nie hätte ich gedacht, dass ich diesen magischen Moment verpassen könnte. Innerlich blutete mein Herz ... aber für Rohan zeigte ich mich nach außen hin stark.

Alles in unserem Leben hatte sich verändert, doch ich konzentrierte mich auf Rohans wunderschöne Züge. Wenigstens sie waren noch dieselben, wenngleich ich wusste, wie sehr auch er innerlich litt. Er war immer noch mein prächtiger Sohn.

Am liebsten hätte ich aus voller Kehle von den Dächern gebrüllt: ›Bitte verzeih mir, Rohan ... eines Tages wirst du verstehen, dass ich für unser beider Überleben keine andere Wahl hatte, als das zu ertragen.‹

Ich konnte nur hoffen, dass wir so weit kommen würden, ohne dass bis dahin zu viel verloren ginge. Natürlich hob ich ihn hoch und übersäte ihn mit Küssen, aber diesmal war ich auf seine Reaktion vorbereitet, die kalt und abweisend war. Wer konnte ihm einen Vorwurf daraus machen? Was für eine Mutter ließ schon zu, dass ihr Kind so viel Angst und Ungewissheit durchleben musste? Er wollte nicht lange bei mir sitzen, weil er mir nicht mehr vertraute, aber ich stellte entsetzt fest, dass er eine offene Wunde auf der Stirn und zudem eindeutig Fieber hatte.

Als ich danach fragte, woher die Verletzung stamme, grunzte die Frau nur, die ihn betreute, und meinte dann, sie hätte keine Ahnung. Sie fügte hinzu, dass alle Kinder tollpatschig wären und man sich deshalb keine Sorgen zu machen bräuchte. Ich war anderer Meinung, hatte jedoch keine Möglichkeit, etwas zu unternehmen.«

Zu diesem Zeitpunkt erkannte Radhika auch, dass ihr Sohn überhaupt nicht mehr auf seinen gebürtigen Namen »Roshan« hörte, Nepalesisch für »strahlender Stern«. Seine Entführer hatten ihn in »Rohan« geändert, da dies mehr nach Hindi klang und unauffälliger war. Dementsprechend reagierte er nur noch darauf.

Wenngleich Radhika ihren Sohn bis heute Rohan nennt (was dem Namen entspricht, der für das vorliegende Buch verwendet wurde, um Verwirrung zu vermeiden), sagt sie: »Das stimmte mich zutiefst traurig, denn es war ein klarer Beweis dafür, dass wir keinerlei Kontrolle mehr über unser Leben oder unsere Identität hatten.

Aber er schien sich an den neuen Namen gewöhnt zu haben, deshalb behielt ich ihn bei – und tue das heute noch.

Unsere gemeinsame Viertelstunde fühlte sich für mich wie wenige Sekunden an. Ich versuchte, Rohan fest an mich zu drücken, ohne ihn zu ersticken, und summte die Melodie eines nepalesischen Volkslieds, das wir früher oft zusammen gesungen hatten.

Als wir schließlich Abschied voneinander nehmen mussten, sperrte ich meine Emotionen so aus, wie es mein Sohn gelernt hatte. Wie lange konnten wir diese Hölle noch ertragen? Würden die Götter einschreiten und uns retten, oder lag es an mir, innere Kraft zu finden?

Unser Schicksal stand im wahrsten Sinn des Wortes auf Messers Schneide.«

Jigmi

Kurz tauchte Hoffnung in Gestalt eines von Radhikas Gästen auf, Jigmi. Er war ein nächtlicher Kunde und hob sich sofort von Radhikas anderen Stammgästen ab, nicht nur, weil er gut aussah, sondern auch, weil er erst einundzwanzig Jahre und somit deutlich jünger als die normale Klientel war, bei der es sich vorwiegend um Männer mittleren Alters handelte. Mit seinen einsachtundachtzig war Jigmi groß, außerdem dunkelhäutig und schlank. Sein glänzendes, schwarzes, schulterlanges Haar war immer frisch gewaschen und ordentlich unter eine Baseballmütze gesteckt. Darüber hinaus kleidete er sich gut – er bevorzugte stets frisch gewaschene Baumwollhemden und moderne, tief sitzende Jeans. Der junge Mann hätte problemlos eine Freundin finden können, die seine Bedürfnisse befriedigte, doch aus irgendeinem Grund galt sein Augenmerk stattdessen Radhika.

Es war im Spätsommer 2006, und Radhika befand sich mittlerweile seit etwa neun Monaten in dem Bordell in Sonagachi. Sie galt als beliebte Arbeiterin und kannte inzwischen die Bedürfnisse und Wünsche ihrer Freier.

Vorwiegend handelte es sich um Männer niederer Kasten, die gerne billigen Alkohol tranken, für gewöhnlich Branntwein oder den von den Bordellbesitzern selbst gebrannten Schnaps. Die meisten kamen nach der Arbeit am frühen Abend und fingen damit an, sich zu betrinken. Wenn sie sich schließlich zum Catwalk begaben, waren sie oft so sturzbetrunken, dass es einem Wunder gleichkam, dass sie überhaupt noch aufrecht stehen konnten, geschweige denn versuchten, Sex zu haben.

Das Gros der Männer war ungepflegt, ihre Körperhygiene mangelhaft, doch mittlerweile hatte Radhika die Kunst perfektioniert, sich in ihr Innerstes zurückzuziehen, wenn sie gezwungen war, mit diesen Fremden zu schlafen.

»Ich konzentrierte mich dann immer auf einen Punkt an der Wand und transportierte mich in eine andere Welt«, erklärt sie. »So musste ich nicht an den abscheulichen Körpergeruch der Kunden oder an die widerlichen Alkoholdämpfe denken, die aus ihren schmutzigen Poren drangen. Ich brauchte mich nicht zu sorgen, wenn ihre Zweitagebärte über meine Wange kratzten oder ich auf dem Bett wie eine Puppe herumgeworfen wurde. Es konnte mich nicht einmal berühren, wenn sie mich auf schlimmstmögliche Weise sexuell missbrauchten. Schließlich war das auf dem Bett nicht ich, sondern jemand anders.

Bei Jigmi hingegen war es nicht so.«

*

Jigmi traf zum ersten Mal an einem Freitagabend in Maya Tamangs heruntergekommenem Bordell ein. Die Puffmutter mit den harten Zügen begann sofort, ihn zu umwerben, bot ihm einen Stuhl und ein Glas des hausgebrannten Whiskys an. Dann befahl sie ihren Mädchen, sich in einer Reihe vor ihm aufzustellen. Für Radhika und einige der anderen Mädchen blieb der Catwalk oder Strich eine demütigende und zermürbende Erfahrung. Jede Prostituierte musste ihre Sexsklavinnenuniform anlegen und ihre jeweiligen Vorzüge zur Schau stellen. In Radhikas Fall bedeutete dies, dass sie in ein hautenges lindgrünes Minikleid schlüpfen und knallrote Stöckelschuhe anziehen musste, sodass ihre zierliche Figur und ihre langen Beine zur Geltung kamen. Außerdem musste sie üppig Make-up auftragen – in der Regel jede Menge schwarzen Kajal und roten Lippenstift –, bevor sie sich in die Reihe stellte und eine aufreizende Pose einnahm.

Wie Tiere, die man zum Verkauf auf den Markt gebracht hatte, warteten die Mädchen, einige verlegen, andere erschöpft, um zu erfahren, wer als Erste »gekauft« würde. In manchen Fällen konnte man ein kollektives Seufzen der Erleichterung hören, wenn ein besonders brutal aussehender Kunde sie alle entließ und mit dem einen oder anderen Fluch auf den Lippen aus dem Bordell wankte. Meistens jedoch hatten die jungen Frauen nicht so viel Glück, und eine von ihnen musste die von einem solchen Mann ausgehende Gewalt über sich ergehen lassen, während die anderen sich bestmöglich bemühten, ihre Schreie auszusperren.

An dem Abend, an dem Jigmi auftauchte, fühlte sich Radhika verletzlicher denn je zuvor. Manche Tage überstand sie einigermaßen gut, doch an anderen bekam sie Rohan einfach nicht aus dem Kopf und fragte sich unablässig, was aus ihm geworden war. An solchen Tagen hätte sie sich am liebsten umgebracht, so intensiv waren ihr Kummer, ihr Leid und ihre Schuldgefühle, weil sie ihn im Stich ließ, indem sie nicht bei ihm sein, ihn nicht festhalten, ihn nicht beschützen konnte.

Es lag Wochen zurück, seit ihr der fünfzehnminütige Besuch ihres kleinen Jungen gewährt worden war, und sie hatte keine Möglichkeit, in Erfahrung zu bringen, wie es ihm ging. Das Wissen, dass sie diese elende Welt nicht ohne ihn verlassen konnte, sorgte dafür, dass sie sich ständig wie in der Hölle fühlte. Sie lebte nur noch für den Tag, an dem sie mit Rohan vor all dem flüchten könnte, doch manchmal fragte sie sich, ob dieser Tag je kommen würde. Wenn ihr Leben für immer so aussehen sollte, würde es ihnen dann je gelingen, aus diesem wahr gewordenen Albtraum zu fliehen?

Während ihr all diese Gedanken im Kopf herumschwirrten, wartete Radhika mit dem Rest der Mädchen, während Jigmi sie begutachtete. Was schließlich zu Radhika durchdrang, war der Umstand, dass sich Jigmi in dem Bordell ebenso unwohl zu fühlen schien wie sie. Er lehnte den kostenlosen Whisky ab, was für einen Kunden ungewöhnlich war. Stattdessen stand er auf und trat nervös von einem Bein aufs andere, während er die Frauen vor sich fast entschuldigend musterte. Schließlich nickte er mit dem Kopf in Radhikas Richtung und fragte Maya Tamang, wie es nun weiterginge.

Als Radhika die schmale Treppe hinauf zu ihrem Zimmer im vierten Stock vorausging, erklärte ihr Jigmi, dass es sein erster Bordellbesuch sei. Er entschuldigte sich für seine Unerfahrenheit. Trotzdem überzeugte er Radhika damit nicht: »Ich hatte andere Männer dasselbe sagen gehört, und sie dachten, ich sei dumm genug, auf ihre Lügen hereinzufallen.«

Außerdem fragte sie sich, weshalb ein so gut aussehender junger Mann überhaupt für eine Frau bezahlen wollte, wenngleich er ohne Probleme kostenlos jemanden hätte finden können. Was mochte seine spezielle Perversion sein?

»Ich war nicht bereit, Jigmi auf Anhieb zu glauben, aber es gab bestimmte Anzeichen, die darauf hindeuteten, dass er ein anständigerer Mann sein könnte als die meisten, denen ich begegnet war. Er meinte zu mir, die Vorstellung, mit einer Sonagachi-Prostituierten zu schlafen, hätte ihn schon immer fasziniert, und er wolle sexuell erfahrener werden, bevor er sich mit dem Gedanken an eine Heirat befasse. Es bestand durchaus die Möglichkeit, dass er mich belog, doch es war mir eigentlich egal. Ich empfand es schon als Segen, in der Gesellschaft eines nüchternen Mannes zu sein.

Ich begann routinemäßig, mein Kleid auszuziehen, um mein rosa Spitzenhöschen und meinen BH zu entblößen, bevor ich mich aufs Bett legte, aber er forderte mich auf, meine Kleider anzubehalten, und meinte, er würde sich lieber mit mir unterhalten.«

So etwas hatte noch kein Kunde zu Radhika gesagt, und ihr Argwohn flammte umso stärker auf. »Ich wurde das Gefühl nicht los, dass er mir etwas Schreckliches antun ... mich vielleicht sogar umbringen würde. Doch wie sich herausstellte, hielt er Wort.«

Jigmi erzählte Radhika, dass er in einer Wohnung in der Nähe von Sonagachi lebe und in einem Callcenter arbeite. Er erklärte ihr, dass er nicht an schnellem Sex interessiert sei, sondern lieber den Aufschlag für einen »Übernachtgast« bezahlen wolle. Daraufhin berechnete ihm Maya Tamang das

Doppelte des üblichen Tarifs von 200 INR, etwa 3 Euro, womit er sich das Recht erkaufte, die Nacht mit Radhika zu verbringen. Er teilte der jungen Frau mit, dass er fasziniert von ihrer Schönheit und ihrem sanftmütigen Wesen sei und alles über sie erfahren wolle.

»Seine Komplimente brachten mich in Verlegenheit. Es war so lange her, dass jemand Interesse an mir als Person bekundet hatte, doch letztlich ertappte ich mich dabei, ihm mein Herz auszuschütten. Ich erzählte ihm alles über meine Familie und vertraute ihm an, dass mich der Gedanke, sie könnten mich für tot halten, regelrecht zerriss.

Außerdem schilderte ich, wie man mich hinters Licht geführt und verkauft hatte, und natürlich erzählte ich ihm alles über Rohan. Ich erklärte ihm, dass ich für meinen Sohn stark bleiben müsse, damit ich ihn eines Tages finden und retten könne. Jigmi lag nur auf der abgewetzten Matratze in meinem Zimmer und lauschte mir aufmerksam. Er versuchte in keiner Weise, meine Offenheit auszunützen, und Sex erwähnte er mit keinem Wort. In den frühen Morgenstunden schliefen wir schließlich beide ein und lagen vollständig bekleidet nebeneinander.«

Als Radhika gegen fünf Uhr am nächsten Morgen erwachte, weckte sie Jigmi. Er eilte sofort zur Tür und sagte, er würde zu spät zur Arbeit kommen. Dann, als er bereits den Vorhang zugezogen hatte, der Radhikas Abschnitt des Zimmers von denen ihrer Kolleginnen abtrennte, drehte er sich noch einmal um, kam langsam zur Matratze zurück, auf der Radhika noch lag, küsste sie zärtlich auf die Stirn und versprach, sie bald wieder zu besuchen.

Radhika erinnert sich: »Es ist schwierig zu beschreiben, was ich empfand. Nachdem ich so lange in Bordellen gearbeitet hatte, waren meine Emotionen abgestumpft, trotzdem fühlte ich diesmal eindeutig etwas. Vermutlich lag es nur daran, dass ich seit Monaten nicht mehr so gut geschlafen hatte wie in jener Nacht. Ich sagte mir, dass es nur daran liegen könne.«

Radhika versuchte, die Hoffnung zu unterdrücken, dass er Wort halten und tatsächlich wiederkommen würde, wie er es versprochen hatte. Aus bitterer Erfahrung hatte sie gelernt, dass für Hoffnung in ihrer Welt wenig Platz war.

Aber Jigmi hielt tatsächlich Wort und kam in der nächsten Woche etwa um dieselbe Zeit wieder – früh an einem Mittwochabend. Radhika bemühte sich, ihre Aufregung zu verdrängen. Mittlerweile wusste sie, dass Jigmi anders als die Männer war, die sie sonst besuchten.

Radhika war mittlerweile neunzehn Jahre alt und hatte nie erfahren, wie es sich anfühlte, von jemand anderem als einem Vater oder Bruder geliebt zu werden – und selbst das lag schon so lange zurück. Der erste Mann, dem sie vertraute, nachdem sie ihr Zuhause verlassen hatte, um in Kathmandu zu leben, war Sanjay Lama gewesen. Sie hatte geglaubt, er wäre ein Freund, dem ihr Wohlergehen am Herzen lag, als er versprach, ihr dabei zu helfen, eine Arbeit zu finden. Aber er hatte sie skrupellos hintergangen und sie lediglich als gewinnbringende Nierenspenderin für seine Kunden betrachtet. Ihr Ehemann, Rajesh Pariyar, hatte in ihr einen Sandsack gesehen, an dem er seine Launen auslassen konnte, außerdem eine Möglichkeit für schnelles Geld. Und jeder Mann, dem sie seither begegnet war, behandelte sie wie ein Stück Fleisch, das angeboten wurde und das man kaufen konnte, nicht als menschliches Wesen. Konnte *Jigmi* wirklich anders sein?

Wenn er keinen Sex von ihr wollte, was dann? Einmal kam Radhika in den Sinn, er könne ein verdeckt ermittelnder Polizist sein, kam jedoch bald zu dem Schluss, dass dies nur Wunschdenken war. Jigmi wirkte zu freundlich, zu ehrlich und zu unerfahren, um zu lügen.

Als Jigmi zum zweiten Mal beim Bordell eintraf, folgte sein Besuch demselben Muster wie zuvor. Wieder bezahlte er für die ganze Nacht, und wieder meinte er zu Radhika, es sei nicht nötig, Sex mit ihm zu haben.

Diesmal unterhielten sie sich über ihre jeweiligen Heimatländer. Radhika schwärmte von Nepal, während Jigmi ihr schilderte, wie sehr er Indien liebte. Er war in Kalkutta als Sohn einer Familie der unteren Mittelklasse geboren worden und aufgewachsen, hatte jedoch seine Chancen vertan. Er hatte sich in der Schule nicht genug Mühe gegeben, weshalb er nun einer Arbeit ohne Zukunftsaussichten nachging. Er verriet, dass er aus Langeweile angefangen habe, Haschisch zu rauchen, und dass er fürchte, seine Sucht könne außer Kontrolle geraten, wenn er nicht damit aufhöre. Er wollte mehr vom Leben, meinte er. Damit schlug er eine Saite in Radhika an.

Jigmi und Radhika stellten fest, dass sie beide dieselben Träume hegten, eine bessere Ausbildung zu erwerben und ferne Gefilde wie Europa und Amerika zu bereisen. Außerdem teilten sie die Leidenschaft für Musik und Tanz. Insbesondere Tanzen hatte Radhika von frühester Kindheit an fasziniert. Als sie klein war, verbrachte sie Stunden damit, ihren älteren Schwestern dabei zuzusehen, wie sie die eleganten Bewegungen für ihren Hochzeitstanz perfektionierten. Danach schlich sie sich stets heimlich auf die nahe gelegenen Felder davon und arbeitete an ihren eigenen Schritten. Später, als Radhika alleine in Kathmandu lebte, träumte sie weiter und übte im Takt zu nepalesischer Musik aus einer gebrauchten Musikanlage, die ihr ein befreundeter Marktverkäufer geschenkt hatte.

Bei seinem dritten Übernachtbesuch überredete Jigmi Radhika, für ihn zu tanzen. Zittrig legte sie ihre Lieblingskassette mit nepalesischer Musik in einen uralten Kassettenspieler ein und drückte die Wiedergabetaste. Als die hypnotischen Klänge der *Damaha* ertönten (einer nepalesischen Trommel aus Metall und Holz), begann sich Radhika in perfekter Haltung zu drehen und krümmen. Sie nahm dieselben klassischen indischen Tanzposen ein wie ihre Bollywood-Heldinnen, schwenkte verführerisch die Handgelenke und ließ ihr Becken kreisen, bis sie sich in einer erotischen Traumwelt verlor. Jigmi saß gebannt da und beobachtete, wie sie in ihrem hellrosa Kleid anmutig die Geschwindigkeit erhöhte und sich immer schneller durch den Raum drehte.

Mitten im Tanz verschwand das geprügelte Opfer der Sexmaschinerie und des Menschenhandels. Stattdessen präsentierte sich eine würdevolle, majestätische junge Frau, die in ihren Träumen aufging. Als die Musik schließlich endete, wurde Radhika von der Wirklichkeit eingeholt. Sie stand da und blickte verlegen auf ihre nackten Füße und den schmutzigen Boden hinab. Dann schaute sie zu Jigmi auf, der wie verzaubert wirkte. Etwas in seinen Augen verriet Radhika, dass er verliebt in sie war. Er sah sie genauso an, wie es die Bollywood-Helden taten, bevor sie ihre Heldinnen am Ende der Filme küssten. Rasch verdrängte Radhika den Gedanken.

Dann begann er leise zu sprechen. Seine Worte erfüllten sie mit Hoffnung.

»Ich werde dir helfen, zu fliehen und deinen Sohn zu finden. Sei morgen um dieselbe Zeit bereit. Wir verschwinden dann in der Nacht von hier.«

Warum er sein Leben aufs Spiel setzen wollte, um einer praktisch Fremden zu helfen, überstieg Radhikas Verständnis, doch sie wusste, dass dies ihre einzige Chance war, Rohan und sich selbst aus ihrem Elend zu befreien. Ungeachtet der möglichen Konsequenzen nahm sie seine Hilfe ohne zu zögern an. Vielleicht war es ein Zeichen von den Göttern, dass ihr Pech endlich enden sollte.

*

Mittlerweile war Maya Tamang misstrauisch gegenüber Jigmi geworden. Sein Interesse an Radhika ließ Zweifel an den wahren Absichten aufkommen, die hinter seinen Besuchen steckten. Laut Hausordnung durfte kein Kunde mehr als drei ganze Nächte mit einem Mädchen verbringen, doch für 600 INR (etwa 9 Euro) gelang es Jigmi, die Bordellbesitzerin zu überreden, ihm eine letzte Nacht mit Radhika zu gewähren.

Er traf nach der Arbeit gegen neunzehn Uhr im Bordell ein und folgte Radhika sofort in ihr Zimmer. Sein Plan sah vor, dass sie sich bis morgens um drei ausruhen würden, um anschließend lautlos die Treppe hinunterzuschleichen und durch den Vordereingang zu verschwinden. Sollte sich ihnen einer der stämmigen Sicherheitsmänner in den Weg stellen, die Maya Tamang beschäftigte, wollte Jigmi behaupten, sie gingen bloß weg, um Schnaps zu kaufen. Er war überzeugt davon, dass ihm sein Ruf als gut zahlender Kunde etwas Verhandlungsstärke verschaffen würde.

Radhika stopfte ihre spärlichen Habseligkeiten – ein Paar Jeans, etwas Shampoo, zwei *Salwar Kurta* und ihren kostbarsten Besitz: ein Foto von Rohan – in Jigmis Rucksack und wartete. Um etwa drei Uhr schlichen die beiden leise die morsche, knarrende Treppe hinab und einen schmalen Gang entlang zur Vordertür des Bordells. Radhika hatte schreckliche Angst, dass jemand sie hören könnte, doch unglaublicherweise schlief das Sicherheitspersonal, und so verlief die endgültige Flucht in die Welt draußen genauso reibungslos, wie Jigmi sie geplant hatte.

Als Radhika die stickige Nachtluft des Rotlichtviertels einatmete, fühlte sie sich zum ersten Mal seit Monaten frei. Sie erinnert sich: »Ich fühlte mich wie ein gefangenes Tier, das in die Freiheit entlassen worden war. Auf der Straße kamen wir an unzähligen anderen jungen Frauen vorbei, die gezwungen waren, ihre ausgemergelten Körper zu verkaufen. Eine oder zwei davon sahen mir in die Augen und schienen zu spüren, dass ich eine von ihnen war. Es war ein aufregendes, aber zugleich beängstigendes Gefühl.«

Endlich war Radhika frei. Zum ersten Mal seit sehr langer Zeit hegte sie die Hoffnung, Rohan und sie könnten die Chance auf eine anständige Zukunft mit jemandem wie Jigmi haben.

*

Jigmis Einzimmerwohnung lag nur zwanzig Minuten Fußmarsch von Sonagachi entfernt im dritten Stock eines fünfgeschossigen Gebäudes. Auffällig war das Fehlen jeglicher persönlichen Gegenstände. Es gab nirgendwo ein Foto oder sonstige Dinge, die für gewöhnlich einen Eindruck vom Charakter einer Person vermitteln. Trotzdem war die Wohnung mit einigen schönen Teppichen, einem hübschen Sofa und einem Esstisch samt Stühlen recht gemütlich eingerichtet, wenngleich die weißen Wände für Radhikas Geschmack ein wenig klinisch wirkten. Jedenfalls ließ die Wohnung darauf schließen, dass ihr Mieter kaum etwas anderes tat, als zu arbeiten und zu schlafen. So oder so, sie war eine Million Mal besser als das Bordell.

Nachdem sie wohlbehalten angekommen waren, forderte Jigmi sie auf, es sich auf dem Sofa gemütlich zu machen. Er selbst wollte Schlaf nachholen, um sich auf die Arbeit vorzubereiten. Wieder küsste er Radhika keusch auf die Stirn und wünschte ihr eine gute restliche Nacht, während er sich in ein anderes Bett zurückzog. Sie war so erschöpft, dass sie mit dem Wissen, zumindest vorläufig in Sicherheit zu sein, sofort einschlief.

Als Radhika am Vormittag erwachte, war Jigmi bereits gegangen. Langsam entspannte sie sich zum ersten Mal seit Monaten. Rohan ging Radhika nie mehr als ein paar Sekunden lang aus dem Sinn, und die kurzen Momente des Glücks, das sie darüber verspürte, aus dem Bordell befreit zu sein, wurden von überwältigenden Schuldgefühlen unterbrochen. Allerdings hatte die Zeit dort erheblich Tribut von ihr gefordert, und sie fürchtete, nicht die nötige Kraft zu haben, um es zurück nach Kathmandu zu schaffen, wenn sie ihren Traum, Rohan zu retten, überstürzt verwirklichte. Sie wusste, dass sie sich ausruhen musste, solange sie Gelegenheit dazu hatte. Wer konnte schon sagen, was noch alles vor ihr liegen mochte?

Sie nahm Jigmi beim Wort, fühlte sich wie zu Hause und nahm ein ausgiebiges Bad in seiner sauberen weißen Wanne, um den Dreck der vergangenen Monate von ihrem Körper zu schrubben und wieder sauber zu werden.

Als sie ihre zierliche Gestalt begutachtete, sah sie deutlich die Hinterlassenschaften des ihr aufgezwungenen Gewerbes. Früher war ihre hell olivfarbene Haut makellos gewesen, nun wies sie die Narben des Menschenhandels auf. Am deutlichsten zeichnete sich die hässliche Narbe ab, die trotzig entlang ihrer linken Seite verlief und sie ständig an die schreckliche Episode in Chennai erinnerte, bei der ihr eine Niere gestohlen worden war. Radhika betrachtete sie als Symbol ihrer Naivität und Machtlosigkeit. Mittlerweile waren Brandnarben von Zigaretten und ein entstellender Hautwulst an ihrem rechten Schienbein hinzugekommen, wo jener betrunkene Kunde sie getreten hatte. All das legte Zeugnis von den Schmerzen und Erniedrigungen ab, die sie in ihrem Leben bereits ertragen musste. Sie tröstete sich mit etwas, das eine ihrer Prostituiertenkolleginnen einmal zu ihr gesagt hatte: »Narben sind schön. Sie beweisen, dass du eine Überlebenskünstlerin bist.« Und das zumindest stimmte. Radhika hatte zweifellos bewiesen, dass sie mit ihrem Sohn überleben konnte. Nun brauchte sie ihn nur noch zu finden und so schnell wie möglich mit ihm aus der Stadt zu verschwinden.

Jigmi kehrte an jenem ersten Abend gegen siebzehn Uhr von der Arbeit zurück und brachte eine Tüte mit gekochtem Reis, *Dal* und *Naan*-Brot vom Markt mit. Er gestand Radhika, dass er nie kochen gelernt hatte und sich von fertig gekauftem Essen ernährte. Radhika, die ihn immer noch kaum kannte, war von seiner Freundlichkeit gerührt. Zugleich jedoch verspürte sie Ungeduld, konnte es kaum erwarten, einen Plan zu schmieden, um Rohan zurückzuholen.

»Ich hatte entsetzliche Angst, Tamang könne mich bald wieder einfangen, außerdem fühlte ich mich schuldig, weil ich in solchem Luxus schwelgte, während Rohan an irgendeinem schrecklichen Ort festgehalten wurde. Was immer dafür notwendig war, ich musste ihn finden – und zwar schnell.

Jigmi sagte, er hätte bereits angefangen, in und rings um Sonagachi dezente Nachforschungen bezüglich Rohans Aufenthaltsort anzustellen. Er meinte, er hätte ein paar Spuren, und versprach, diesen nachzugehen. Zu mir sagte er, ich solle mich entspannen und zu Kräften kommen. In dem Moment begegneten sich unsere Blicke.«

Radhika wusste nur zu gut, was Männer wollten, und ihr wurde klar, dass Jigmi sie begehrte. »Ich ließ zu, dass er mich an sich zog und zu küssen begann, erst auf die Stirn, dann auf den Hals und schließlich auf die Brüste. So war ich noch nie zuvor von jemandem berührt worden, und es fühlte sich elektrisierend an.«

Doch trotz der Chemie zwischen ihnen und Radhikas Dankbarkeit für das, was er für sie getan hatte, verlangte Jigmi nie Geschlechtsverkehr mit ihr, ein Umstand, der verblüffend anmutet. Radhika jedoch ist ihm heute noch dankbar für seine Freundlichkeit und Rücksicht in einer Zeit, in der sie zutiefst verletzlich war. Er forderte keinerlei Gegenleistung für seine Hilfe, obwohl sie ihm diese bereitwillig gegeben hätte.

Sie sagt dazu: »Jigmi ging nicht weiter, aber ich empfand das nicht als Zurückweisung, weil er mir das Gefühl gab, ein besonderer Mensch zu sein. Ich bin sicher, er hatte seine Gründe, doch wir haben nie darüber gesprochen. Jedenfalls war es herrlich, einmal wie eine Frau berührt zu werden, statt sich wie ein Tier begrapschen und besteigen lassen zu müssen.«

Für Radhika, die gezwungen gewesen war, mit bis zu dreißig Männern täglich zu schlafen, war diese Behandlung außergewöhnlich.

*

Die nächsten sechs Tage lebte Radhika wie Jigmis Freundin in seiner Wohnung. Jigmi folgte einer starren Routine: Jeden Tag ging er zur Arbeit und brachte abends frisches Essen für sie beide mit, bevor er sich neben Radhika auf das Sofa kuschelte. Fast hätte sie glauben können, dass der Schein wahr sei, doch ihre Gedanken kreisten ständig um Rohan. Wo mochte er sein? Wie mochte es ihm gehen? War er wegen ihrer Flucht bestraft worden?

Jeden Abend berichtete Jigmi Radhika, wie er dabei vorankam, die Stadt nach Rohan abzusuchen, aber Radhika dauerte das zu lange. Sie fühlte sich hin- und hergerissen zwischen überwältigender Dankbarkeit gegenüber Jigmi und den Qualen, die mit der anhaltenden Trennung von ihrem Sohn einhergingen. Zudem war ihr durchaus bewusst, dass die Wahrscheinlichkeit, Maya Tamang wieder in die Hände zu fallen, stieg, je länger sie in der Stadt blieb. Wer wusste schon, was die Tamangs tun würden, sollten sie Radhika bei Jigmi aufspüren? Radhika jedenfalls wusste, wozu Maya Tamang fähig war. Ihr war klar, dass solche Gedanken zu nichts führten. Sie zwang sich, damit aufzuhören, so negativ zu denken. Natürlich würde alles glattgehen. Das musste es einfach. Sie musste fliehen.

Am siebten Tag ihrer Freiheit veränderte ein leises Klopfen an der Tür alles. Überzeugt davon, dass es Jigmi sein musste, der früher von der Arbeit nach Hause kam, öffnete Radhika, ohne zuerst nachzusehen, wer draußen stand – obwohl Jigmi ihr zu ihrer eigenen Sicherheit genau das aufgetragen hatte. Kaum schwang die Tür auf, erkannte sie ihren Fehler. Vor ihr standen drei von Maya Tamangs furchteinflößendsten Männern. Sofort versuchte sie, die Tür zuzuschlagen, doch es war bereits zu spät. Sie stemmten sie auf, packten Radhika grob an den Armen, und einer brüllte dem verängstigten Mädchen ins Gesicht. »Du kommst mit, du beschissene Hure! Zeit, in die Hölle zurückzukehren!«

Zitternd vor Angst hatte Radhika keine andere Wahl, als sich zu fügen. Hilflos musste sie hören, wie ihr Schimpfwörter zugeraunt und grässliche Warnungen darüber zugeflüstert wurden, was ihr im Bordell blühte, während sie unsanft aus dem Haus geführt wurde. Auf dem Rückweg zum Bordell schoss ihr kurz durch den Kopf, was mit Jigmi passieren würde. Sie betete, dass ihm nichts geschehen, dass er irgendwie davon erfahren würde, was vorgefallen war. Etwas anderes empfand sie schlichtweg als unvorstellbar. Und sie sorgte sich um Rohan und darüber, welche Strafe Maya Tamang aussprechen würde, wenn Radhika zurück im Bordell war. Darauf musste sie sich konzentrieren. Sie musste unter allen Umständen am Leben bleiben – davon hing schließlich auch Rohans Leben ab.

Radhika wehrte sich nach Kräften, als sie über die Schwelle des Bordells geschleift wurde. Sie wusste natürlich, dass es nutzlos war, trotzdem konnte sie nicht anders. Als sie das Gebäude mit Jigmi verlassen hatte, schien alles möglich zu sein – nun lagen ihre Träume in Scherben vor ihr.

Maya Tamang erwartete sie bereits. Einen Moment lang musterte sie das hilflos zappelnde Mädchen mit ausdrucksloser Miene, dann spuckte sie Radhika mitten ins Gesicht. Sie schrie: »Du hast mich gedemütigt und hintergangen, du nichtsnutziges Miststück. Jetzt lernst du Schmerzen kennen, wie du sie noch nie gespürt hast.«

Mit diesen Worten ging das Temperament mit ihr durch. Radhika ahnte, dass alles, was sie in der Vergangenheit durch diese Frau erlitten hatte, nichts im Vergleich zu dem war, was ihr nun blühte. Sie zuckte zusammen und duckte sich, als ihr Maya Tamang so heftig gegen die rechte Gesichtshälfte schlug, dass sie aus dem Ohr blutete.

Schmerzen pulsierten durch Radhikas Kopf, als sie hilflos mit ansah, wie die Bordellbesitzerin ein langes Bleirohr hinter einem Stuhl hervorholte und es bedrohlich schwang, während sie Radhika in die Augen starrte. Die Männer, die sie zurückgebracht hatten, standen teilnahmslos da und beobachteten das Geschehen. Fast wie in Zeitlupe holte Maya Tamang mit dem Rohr hoch über dem Kopf aus und hielt eine Sekunde lang inne, bevor sie es mit aller Kraft auf Radhikas Kopf herabsausen ließ. Radhika spürte aufblitzende Schmerzen, intensiver als alles, was sie bisher gekannt hatte. Ihr blieb noch ein Moment Zeit, sich zu fragen, ob sie tot war … dann nahm sie nichts mehr wahr.

*

Als sie über eine Stunde später zu sich kam, stieg ihr ein durchdringender metallischer Geruch in die Nase. Radhika versuchte, ihn einzuordnen, doch es gelang ihr nicht. Sie fühlte sich zu krank. Dann setzten die Schmerzen ein, und sie erinnerte sich daran, was geschehen war. Radhika erkannte, dass der Geruch von ihrem eigenen Blut ausging. Sie zwang sich, die Augen zu öffnen, blinzelte heftig und versuchte, sich auf ihre Umgebung zu konzentrieren, doch alles, was sie sehen konnte, war schwarz. Einen Moment lang geriet sie in Panik. War sie blind? Hatte Maya Tamangs Schlag ihr das Sehvermögen geraubt? Krampfhaft bemühte sie sich, ruhiger zu atmen und die Panik zurückzudrängen. Als sie letztlich vollständig das Bewusstsein zurückerlangte, erkannte sie, wo sie sich befand.

Von anderen Mädchen im Bordell, die von der Besitzerin wegen angeblicher Vergehen oder einfach aus einer Laune heraus mit Arrest bestraft worden waren, hatte Radhika schon vom »Verlies« gehört.

Es handelte sich um eine abgetrennte Kammer im Gebäude, um eine kellerartige, von einer kleinen Falltür bedeckte Zelle. Im Inneren herrschte pechschwarze Finsternis, und eine Ratte, deren schabenden Geräusche Radhika auf dem Boden unter ihr hören konnte, huschte umher und suchte etwas Schmackhaftes zum Knabbern.

Abgesehen von den Lauten des Tieres war es gespenstisch still. Mit heiserer, anfangs nahezu unkenntlicher Stimme begann Radhika zu rufen. Nach einer Weile wurde ihr Geschrei lauter und kräftiger. Immer noch kam niemand. Sie fragte sich, ob den Mädchen befohlen worden war, sie zu ignorieren – oder ob sie, im Gegensatz zu ihr, von sich aus klug genug waren, nicht zu reagieren, weil sie sich davor fürchteten, was Maya Tamang sonst mit ihnen anstellen würde. Trotzdem brüllte und kreischte Radhika weiter. Manchmal schwieg sie auch einfach. So ging es zwei Tage und zwei Nächte lang. Den Großteil der Zeit kauerte sie mit dem Rücken an der Wand. Sie bekam weder etwas zu essen, noch zu trinken, und war gezwungen, in dem winzigen Raum ihre Notdurft zu verrichten. Wie hatte ihr Leben nur so verkommen können? Würde sie physisch und mental noch mehr ertragen, bevor sie völlig zusammenbrach?

Obwohl sich Radhika geistig und körperlich am Ende fühlte, gelang es ihr erneut, irgendwoher die Kraft zu nehmen, um zu überleben. Sie musste gesund werden. Wer sollte sich sonst um Rohan kümmern? Ihr blieb der winzige Funken Hoffnung, dass Jigmi noch am Leben sein und Rohan gerettet haben könne, doch je mehr Zeit sie im Verlies verbrachte, desto unwahrscheinlicher kam es ihr vor. Sollte sie dieses Loch je verlassen, sollten die Götter ihr gestatten, weiterzuleben, würde *sie* ihren Sohn retten müssen. Rohan war der einzige Grund, für den es sich lohnte, am Leben zu bleiben. Er *war* ihr Leben. Ohne ihn war sie nichts. Maya Tamang konnte tun, was sie wollte, um Radhika zu zerstören, trotzdem würde sie niemals ihr Versprechen gegenüber ihrem Sohn brechen. Was immer es kosten würde, irgendwie würde sie sich für ihn am Leben festklammern.

Als sich die Falltür schließlich öffnete, Radhika aus der Hölle ins Licht emporstieg und die grässliche Enge von Maya Tamangs Folterzelle hinter sich ließ, wusste sie, dass sie geduldig die richtige Gelegenheit abwarten musste, um Rohan zu holen. Ihr war klar, dass sie ihren Körper weiterhin an Fremde verkaufen musste, bis sich eine weitere Chance zur Flucht mit Rohan böte. All das wusste sie und akzeptierte es als ihr Schicksal.

Als sie sich das geronnene Blut, den Urin und die Fäkalien abwusch, die ihren Körper verkrusteten, und die Schmerzen ihrer Blutergüsse mit kaltem Wasser linderte, ging Radhika stärker aus ihrer Tortur hervor. Sie sah die Dinge klarer und wurde entschlossener denn je zuvor, dass *dies* nicht für immer ihr Leben sein würde.

Bollywood-Träume

Rohan brüllte. Das Geräusch war so schrecklich, dass es Radhika fast das Herz zerriss.

Ihr war der Besuch ihres geliebten Sohnes nicht angekündigt worden. Radhika wusste, dass er ins Bordell gebracht worden war, konnte nur eins bedeuten – sie würden erneut weiterziehen. Eine Überraschung stellte das angesichts ihrer versuchten Flucht mit Jigmi nicht dar.

Jigmi – sie bemühte sich tunlichst, nicht an ihn zu denken.

Rohan war mittlerweile zweieinhalb Jahre alt und ließ Anzeichen einer schweren Bindungsstörung erkennen. In den entscheidenden Phasen seiner frühen Entwicklung war es ihm verwehrt gewesen, eine Bindung zu seiner Mutter aufzubauen, und infolgedessen zeigte er sich oft wütend oder verschlossen. Diese Auswirkungen waren kein Wunder, wenn man bedachte, dass er Radhika bereits im Alter von knapp über einem Jahr weggenommen und in einer Reihe von grauenvollen Horten festgehalten worden war, während sie gezwungen war, ihren Körper zu verkaufen.

Der verängstigte Rohan war zusammen mit den Kindern anderer Prostituierter oft stundenlang alleine gelassen worden, und jeglichen Anzeichen seiner inneren Qualen wurde bestenfalls mit kalter Gleichgültigkeit, schlimmstenfalls mit Gewalt begegnet.

Rohans Leid empfand Radhika als das schwerste der Kreuze, die sie zu tragen hatte. Die Bordellbesitzerin mochte sie halb totgeprügelt haben, dennoch hatte sie Radhika damit nicht annähernd solche Schmerzen verursacht wie das Wissen, dass sie ihren kleinen Sohn im Stich ließ. Rohan war mit ihr bereits zu zwei Bordellen gebracht worden, und Radhikas Kontakt zu ihm hatte sich in den vergangenen sechs Monaten auf nur drei Besuche zu je fünfzehn Minuten beschränkt.

Rohans Gebrüll wurde lauter, als er den Gang entlang grob zum Zimmer seiner Mutter in dem Sonagachi-Bordell geschleift wurde. Radhika stieg rasch aus dem Bad, das sie in dem Versuch genommen hatte, sich die blutigen Folgen ihrer jüngsten Tracht Prügel abzuwaschen, schlüpfte hastig in einen weiten *Kurta* aus Baumwolle, um ihre blauen Flecken zu bedecken, und eilte los, um ihren Sohn zu suchen.

Sofort rannte sie auf Rohan zu, hob ihn hoch und ignorierte die eigenen Schmerzen, als sie sein gerötetes, tränenverschmiertes Gesichtchen mit Küssen übersäte. Er reagierte nicht auf sie, doch daran hatte sie sich mittlerweile gewöhnt. Sie bemerkte, dass Rohan zutiefst verstört wirkte. Schlimmer noch, er hatte offensichtlich fürchterliche Schmerzen.

»Ich versuchte, Rohan zu beruhigen, indem ich ihm Kekse und Milch gab«, erinnert sie sich. »Dabei fiel mir die grauenhafte Wunde in seinem Mund auf. Ich brüllte die Frau an, die ihn ins Bordell begleitet hatte, und verlangte zu erfahren, was mit meinem Sohn passiert war. Sie versuchte nicht einmal, mich zu belügen oder die Wahrheit zu verschleiern. Stattdessen sah sie mich gefühllos an und antwortete: ›Er hat zu viel geweint, deshalb haben wir ihm den Mund mit einer Zigarette verbrannt. Um ihm eine Lektion zu erteilen.‹«

Einen Moment lang war Radhika völlig sprachlos und konnte das Monster vor ihr nur anstarren. Dann stieß sie einen herzzerreißenden Schrei aus, brach zusammen und schluchzte unkontrollierbar.

Was für abscheuliche Leute taten so etwas? Wer war in der Lage, einen hilflosen kleinen Jungen auf so grauenhafte Weise zu verletzen? Und was für eine Mutter war sie, dass sie ihr Kind solche Dinge erleiden ließ? Kein Wunder, dass Rohan sie so abweisend behandelte. Wer konnte ihm einen Vorwurf daraus machen? Sie hatte ihn im Stich gelassen, konnte ihn nicht richtig beschützen. In diesem Moment wurde ihr klarer denn je zuvor, dass sie so schnell wie möglich einen Weg finden musste, sie beide aus ihrer Lage zu befreien.

Radhika atmete mehrmals tief durch und gab sich alle Mühe, sich zusammenzureißen. Um Rohans willen musste sie ruhig bleiben. Er lebte in einer Welt blanken Chaos, und das Letzte, was er brauchen konnte, war, dass seine eigene Mutter zu dem Stress beitrug, dem er ausgesetzt war. Radhika wandte sich von der Frau ab, die ihr Elend völlig teilnahmslos beobachtete, und ging in ihr Zimmer. Sie holte ihren schwarzen Reserve-*Kurta* und tränkte ihn in kaltes Wasser. Dann versuchte sie, diese behelfsmäßige Kompresse behutsam auf Rohans Mund zu legen.

Ihre eigenen Schmerzen ließ sie sich nicht anmerken. Sie sah, dass Rohans Wunde offen und entzündet war. Er brüllte, als sie den Stoff auf die Verletzung legte. Seine durchdringenden Schreie fühlten sich wie Dolchstöße in Radhikas Herz an.

»Ich fühlte mich völlig gebrochen. Rohan schrie und schrie, bis er schließlich schluchzend einschlief.

Ich wiegte ihn auf meinen Knien, als Maya Tamang ins Zimmer stürmte und zu mir sagte: ›Du bist wertlos für mich. Pack deine Sachen, du verräterisches Miststück, und mach dich bereit für den Weg nach Delhi.‹

Ich glaube, zu dem Zeitpunkt hätte ich mich sogar besser gefühlt, wenn sie mir gesagt hätte, ich würde in die Hölle reisen. Es musste überall besser sein als in der grausamen Diktatur, die sie in den stinkenden Elendsvierteln von Kalkutta führte.«

Tamang stellte Radhika einer Frau vor, von der sie behauptete, es sei ihre Schwester, doch Radhika verstand deren Namen nicht. Jedenfalls wurde ihr mitgeteilt, dass diese Frau ihre Aufpasserin sein und sie während der 1305 Kilometer langen Zugfahrt von Kalkutta nach Neu-Delhi begleiten würde, ihrem nächsten Ziel.

Als Radhika damals versuchte, ihren schreienden Sohn zu beruhigen, hatte sie das Gefühl, dass es keine Rolle mehr spielte, wo sie enden würden.

*

Sie traten die beschwerliche Reise von Bengalen in die Hauptstadt an, die zunächst per Zug, dann per Bus erfolgte. Radhika war völlig unempfänglich für ihre Umgebung und starrte nur auf die wunderschöne Landschaft, die draußen vorbeizog, während der Zug über den riesigen Kontinent fuhr.

Als sie anfangs zu diesen Reisen gezwungen wurde, da hatten ihr die Schönheit Indiens, die Vielschichtigkeit der Landschaft und die Unterschiede zu ihrer Heimat Nepal noch das Gefühl vermittelt, irgendwie unbedeutend zu sein. Mittlerweile setzte sie solche Reisen nur noch mit Rohans und ihrem anhaltenden Leid gleich und konnte sich kaum noch dazu durchringen, der Landschaft überhaupt Beachtung zu schenken. Es spielte keine Rolle, wohin man Rohan und sie schickte, sie erhielten ohnehin nie Gelegenheit, sich die Städte anzusehen, deren schöne Seiten mit eigenen Augen zu bestaunen. Radhika lernte immer nur die Schattenseiten der Gesellschaft kennen – die schlimmsten Auswüchse der Menschheit.

Radhikas vordringliche Sorge galt ihrem Sohn. Rohan hatte durch die entzündete Wunde eine besorgniserregend hohe Temperatur entwickelt, und sie hatte Angst.

Seit über einem Jahr hatte sie so gut wie keine Zeit mit ihrem Sohn verbracht und war ihm dementsprechend keine richtige Mutter gewesen. Sie hatte ihn schlichtweg noch nie so krank erlebt. Nun sorgte sie sich, dass er unter Umständen sterben könnte; nach allem, was sie durchgemacht hatten, und angesichts all der Versprechen, die sie ihm gegeben hatte, aber bislang nicht halten konnte, war allein die Vorstellung schier unerträglich.

»Ich hatte mich immer darauf konzentriert, selbst für Rohan am Leben zu bleiben, doch mir war nie der Gedanke gekommen, dass auch sein Leben in Gefahr sein könnte. Ich saß da und beobachtete jeden seiner Atemzüge, während er unruhig schlief und dazwischen immer wieder aufwachte.

Ich hatte Angst, sein Herzschlag könnte plötzlich aussetzen. Für mich war das Leben eine einfache Gleichung – ohne Rohan ergab sie null. Wäre er gestorben, hätte ich mir das Leben genommen.«

Diesmal standen ihnen die Götter bei. Gegen Ende der zweitägigen Reise ließ Rohan Anzeichen einer Verbesserung seines Zustands erkennen. Radhika hatte von einem Mitreisenden einige Paracetamol-Tabletten erbettelt, die zumindest die Schmerzen des kleinen Jungen gelindert hatten, obwohl er trotzdem dringend Antibiotika benötigt hätte.

Sie trafen eines Abends im September 2006 in Neu-Delhi ein. Zeit spielte für Radhika keine Rolle mehr. Alles, worauf sie sich konzentrierte, war das Überleben von einem Tag zum nächsten. Was ihr ständig durch den Kopf ging, war: Wenngleich Rohan diese spezielle Tortur überstanden hatte, was, wenn es nächstes Mal anders wäre?

Der erste Eindruck, den Radhika von Neu-Delhi erhielt, unterschied die Stadt kaum von jeder anderen, in der sie seit ihrer Ankunft in Indien gelebt hatte.

Stadtbesichtigungen hatten in der Welt von Prostituierten keinen Platz, deshalb erhielt sie nie Gelegenheit, die Schönheit des Roten Forts oder der Lodi-Gärten zu bewundern. Während ihrer gesamten Zeit in dem Land wurde ihr nie gestattet, die Dinge zu tun, die gewöhnliche Menschen mit einem kleinen Kind an einem neuen Ort unternehmen würden. Radhikas Welt beschränkte sich ausschließlich auf die Rotlichtviertel, in denen sie arbeitete.

Diesmal wurde sie mit einem Taxi in eine weitere heruntergekommene Gegend gebracht, wo sie ihre Pflichten als Prostituierte erfüllen sollte. Und wieder würde man sie von Rohan trennen, wovor sie sich mehr als vor allem anderen fürchtete.

*

Die GB Road (oder Garstin Bastion Road) ist ein berüchtigtes Rotlichtviertel mitten in Indiens Hauptstadt. Es besteht aus rund zwanzig Gebäuden, in denen je ein Bordell untergebracht ist, das sich in der Regel über den ersten und zweiten Stock verteilt. Die Gegend liegt nur zehn Minuten Taxifahrt von der Busstation entfernt, an der Radhika ausgestiegen war. Hunderte junge Frauen leben dort wie Gefangene unter unaussprechlichen Umständen. Manche werden in die Prostitution hineingeboren und finden sich damit ab, denselben Weg einzuschlagen, nachdem sie jahrelang mit angesehen haben, wie ihre Mütter sexuelle Dienstleistungen erbringen. Andere wie Radhika werden durch Lügen und Täuschung in diese Welt gezerrt. Viele stammen wie sie aus Nepal. Wieder wickelte Radhika ihren Sohn in ein dickes Tuch und befestigte ihn auf ihrem Rücken, als sie schweren Herzens ein vierstöckiges Gebäude betrat, vorbei an Geschäften, die Asiens größten Eisenwarenmarkt bilden.

Das Bordell war im ersten Stock untergebracht. Steile Steinstufen führten hinauf zu den *Kothas* (Zimmern) der Prostituierten. Am Eingang bemerkte sie ein Schild, das Kunden vor Taschendiebstahl warnte, doch Radhika wusste aus Erfahrung, dass es in der Regel die Zuhälter und Puffmütter selbst waren, die sich nebenher als Diebe verdingten.

Vier oder fünf ältere Mädchen grüßten Radhika auf dem Gang. Sie schienen recht freundlich zu sein. Eine der Frauen raunte ihr mit heiserer Raucherstimme zu: »Die Chefin kommt. Sie hat schon auf dich gewartet.«

Gleich darauf kam eine schlanke indische Frau mittleren Alters mit relativ heller Haut auf Radhika zu. Ihr eng anliegender gelber *Sari* wies Kochölflecken auf, unter den weißen Plastiksandalen mit hohen Absätzen lugten krumme Zehen mit abblätterndem roten Nagellack hervor. Sogleich begann sie, Radhika die Hausordnung zu erklären, doch diese schien sich nicht von jenen der anderen Orte zu unterscheiden, an denen sie hatte leben müssen. Ihre Gedanken begannen, sich um andere Dinge zu drehen.

»Zum ersten Mal hatte ich wirklich das Gefühl, ganz unten angekommen zu sein. Ich glaubte nicht mehr, dass es je möglich sein könnte, die Freiheit zu erlangen. Nach all den Schmerzen und all dem Leid war ich überzeugt, Rohan und ich würden den Rest unseres Lebens so verbringen müssen.«

Ihre Grübelei wurde unterbrochen, als die Bordellbesitzerin versuchte, Rohan vom Rücken seiner Mutter zu nehmen. Radhika wollte nicht, dass ihr Sohn noch verstörter würde, deshalb löste sie das Tuch selbst und fragte, ob sie ein paar Augenblicke allein mit ihm haben könne, bevor man ihn ihr wegnähme. Zu ihrer großen Überraschung willigte die Bordellbesitzerin ein.

»Ich saß auf den Stufen des Bordells, streichelte seine Stirn und sang ihm sein Lieblingskinderlied vor. ›Bitte glaub mir,

Rohan‹, flüsterte ich ihm zu. ›Diesmal wird es nicht lange dauern. Irgendwie finde ich einen Weg, dir ein besseres Leben zu ermöglichen.‹

Dann küsste ich ihn ins Gesicht, bevor ich ihn weggab. Diesmal musste es schnell gehen. Obwohl wir solche Trennungen schon öfter durchgemacht hatten, wurden sie nicht einfacher. Mittlerweile wusste ich, dass es nutzlos wäre, danach zu fragen, wohin man Rohan bringen würde. Seinen Aufenthaltsort geheim zu halten, war entscheidend dafür, mich an das Bordell zu binden.«

Zu Radhikas Bestürzung gab Rohan keinen einzigen Laut von sich, als er sie verließ. Das traf sie wie ein Messer ins Herz, doch sie zwang sich, ruhig zu bleiben, während sie beobachtete, wie ihr Sohn weggetragen wurde, obwohl sie keine Ahnung hatte, wann sie ihn das nächste Mal zu sehen bekommen würde. Rohan schien sich bei Fremden wohler zu fühlen als bei seiner eigenen Mutter – diese Erkenntnis ließ ihren Entschluss, endgültig aus diesem Leben zu fliehen, nur umso fester werden.

Mit einem dicken Kloß im Hals folgte sie einer anderen Prostituierten in das für sie vorgesehene Zimmer. Wie üblich erinnerte es an eine Gefängniszelle. In einer Ecke stand ein niedriges Bett mit einer dünnen, fleckigen Matratze und braunen Decke, in einer anderen etwas verloren ein von Holzwürmern zerfressener Kaffeetisch. Nur ein winziges Fenster mit morschen Läden bot einen Auslass für den schalen Gestank von Schweiß und Sex. Vom außerhalb ihres Zimmers gelegenen Balkon aus konnte man das Hotel Holiday Inn erkennen, und auf der anderen Straßenseite lag die Waggonwartungszentrale der Indischen Bahn. Von dort aus versuchten Touristen, Fotos von ihr und den anderen Mädchen zu schießen. Bei solchen Gelegenheiten fühlte sie sich wie ein Tier in einem Zoo.

Wenigstens, so dachte sie, schien sie diesmal ein Zimmer für sich allein zu haben. Zudem lockerten Bollywood-Poster von ihren Lieblingsschauspielern die kahlen, grob verputzten Wände auf. In verträumten Tanzposen erstarrt blickten Stars wie Salman Khan, Sanjay Dutt, Hrithik Roshan und Rani Mukerji auf Radhika herab und hoben ihre Stimmung vorübergehend – Schönheit in einer ansonsten hässlichen Umgebung.

»Du magst Bollywood, was?«, fragte eine ältere Prostituierte und lachte, als sie Radhikas Interesse an den Filmplakaten bemerkte. »Das passt gut. Du musst für die Kunden den Namen einer Schauspielerin annehmen. Das ist hier eine Regel.«

Damit wandte sie sich abrupt ab und rannte barfuß die wackelige Treppe hinab. Radhika blieb alleine zurück, ließ sich auf das Bett fallen und blickte weiter zu den Plakaten hinauf.

»Ich wusste sofort, dass ich Rinke sein würde, wie Rinke Khanna. Ihre sinnliche Schönheit hatte ich schon immer bewundert, und es würde einfacher sein, die langen Tage und Nächte durchzustehen, wenn ich so täte, als wäre ich jemand anders.«

Radhika war von klein auf fasziniert von Bollywood gewesen. Hauptsächlich musste sie auf Zeitschriften und alte Zeitungen zurückgreifen, um den Klatsch über die exotischen Filme und deren glamouröse Stars zu erfahren. Aber einmal, als Radhika zwölf Jahre alt war, hatte ihre Cousine sie und ihre Schwestern in Nepal ins Kino von Balaju zu einer Vorstellung von *Seema Rekha* mitgenommen. Es ist ein nepalesischer Film, der sich um die Vereinigung des Landes dreht und insofern an Bollywood angelehnt ist, dass er eine Reihe von gut choreografierten Tänzen und reichlich Musik enthält.

»Ich erinnere mich noch, dass ich wie gefesselt dasaß, als die Musik und Tänze begannen und die Geschichte ihren Lauf nahm«, denkt Radhika an damals zurück. »*Seema Rekha* ist Nepalesisch für ›Grenzlinie‹. Es ist unglaublich, wenn man bedenkt, wie bedeutsam das später noch werden sollte. Wie hätte ich damals je ahnen sollen, dass ich in späteren Jahren selbst so oft gezwungen sein würde, die Grenze zu überqueren und von einem Elend ins nächste zu reisen?

Meine Leidenschaft für Bollywood grenzte manchmal geradezu an Besessenheit. Meine Lieblingsschauspieler sind Salman Khan und Shahid Kapoor, meine Lieblingsschauspielerin ist Rani Mukerji. Sie alle sind für ihren jeweils einzigartigen Tanzstil bekannt. Salman Khan verkörpert meist den typischen Macho, während Shahid Kapoor für seine romantischen Hauptrollen bekannt ist.

Meine Lieblingsfilme sind solche, in denen viel Action vorkommt und in denen die Helden gegen unzählige Schurken kämpfen, um ihre Liebste zurückzuerobern. Meine Rolle im wahren Leben bestand darin, Rohan zurückzuerobern, doch ich wusste, dass ich zuerst wieder eine Prostituierte sein musste.«

Die Klientel der Garstin Bastion Road ähnelte jener der Bordelle, in denen Radhika zuvor gearbeitet hatte. Es waren die üblichen Freier mittleren Alters, schlecht bezahlte Büroangestellte und Arbeiter, dazu einige Studenten und Soldaten, die vorwiegend spätabends kamen und sich den Hausschnaps anbieten ließen, bevor sie sich zum Catwalk begaben und ihre Gesundheit aufs Spiel setzten. Während Radhika selbst noch nicht krank war, wurde sie immer geübter darin, die Symptome von Aids bei anderen zu erkennen. Dazu zählen Gewichtsverlust, Energielosigkeit, Haut- und Nagelentzündungen und heftiger Reizhusten. Als sie sich umsah, vermutete sie, dass sich in diesem Bordell bereits viele Mädchen mit der Krankheit angesteckt hatten.

Der Ablauf war in jedem Bordell ziemlich gleich – man stellte sich auf den Catwalk und wartete, bis man ausgesucht wurde. Dann führte man den Kunden ins Zimmer und zog sich emotionslos bis auf ein Spitzennegligé und das Höschen oder ein sonstiges Dessous aus. In Neu-Delhi erhielt sie zwei Garnituren Unterwäsche – eine lindgrüne und eine kirschrote. Das Nylonmaterial war billig und juckte auf der Haut. Wenn Radhika ausgewählt wurde, bestand ihre Routine darin, so verführerisch wie möglich auf die dünne Matratze zu sinken und zu warten, bis der Kunde in sie eindrang. Oft fühlte es sich unangenehm an, manchmal schier unerträglich. Demütigend war es immer. Radhika starrte während des Aktes an die Wand, ließ das Elend geistig hinter sich und floh sich in einen Bollywood-Traum, während irgendein Kerl mit schwammigem, behaartem Hintern in sie stieß. Radhika war dann verschwunden, während ihr Alter Ego, Rinke, blieb. Sie selbst tauchte in eine Bollywood-Welt mit zumindest einer dramatischen Liebesgeschichte und einem Happy End ein.

In Bollywood schien alles erreichbar zu sein, und an die Geschichten einige dieser Filme zu denken, verlieh Radhika Hoffnung, wenn sie wegen Rohan besonders niedergeschlagen war. Die Trennung von ihm wurde immer schwieriger zu ertragen, insbesondere nach der schweren Misshandlung, die er in Kalkutta erlitten hatte. Unablässig schwirrten Fragen durch Radhikas Kopf. Wer kümmerte sich jetzt um ihn? War er immer noch krank? In was für einem Elend musste er leben?

Radhika hatte längst aufgehört zu zählen, wie oft sie sich schon gedacht hatte, dass sie tot besser dran wäre – aber der Tod wäre ein selbstsüchtiger Ausweg gewesen. Sie konnte Rohan nicht alleine zurücklassen. Ihre Familie hatte keine Ahnung, wo sie sich befand oder ob sie überhaupt noch lebte. Sie hatte keine andere Wahl, als weiterzumachen.

Es gab nur einen Menschen, auf den sie sich verlassen konnte – sie selbst. Und so begann Radhika, nachzudenken und Pläne zu schmieden, wie sie aus dem Bordell und diesem Leben entkommen konnte. Ihr Hauptproblem stellten die Bordellbetreiberinnen dar – sie waren gerissen und redeten offensichtlich miteinander. Durch ihren Fluchtversuch mit Jigmi mussten ihre derzeitigen Bewacher sie noch aufmerksamer im Auge haben. Sich mit der Bordellbesitzerin anzufreunden, kam nicht infrage – der lag ausschließlich daran, am Tagesende ihre Rupien zu zählen. Im Vergleich zum Geldverdienen waren Menschenleben zweitrangig, und natürlich wusste die Frau, dass Radhika alles tun würde, um die Sicherheit ihres von ihr getrennten Sohnes zu gewährleisten.

*

Nach sechs Monaten Arbeit in Neu-Delhi teilte die Bordellbesitzerin Radhika mit, dass sie ihr Personal »erneuere«. Radhika und Rohan sollten abermals weiterziehen. Diesmal wurde Radhika in ein Bordell in Pune geschickt, der achtgrößten Stadt von Indien und nach Mumbai zweitgrößten im Bundesstaat Maharashtra.

Zum ersten Mal seit Monaten wurden Rohan und Radhika wieder vereint. Radhika spürte Tränen in den Augen, als sie sah, wie sehr sich seine Züge verändert hatten, seit sie sich zuletzt gesehen hatten. Voll Angst, ihr Sohn könnte erneut misshandelt worden sein, untersuchte sie ihn sorgfältig. Diesmal wies er wenigstens keine äußeren Verletzungen auf – keine blauen Flecken, Quetschungen, Platzwunden oder Anzeichen darauf, dass Zigaretten auf seiner jungen Haut ausgedrückt worden waren. Dafür konnte Radhika in seinen Augen Furcht und Grauen erkennen, und seine Traurigkeit fühlte sich beinah greifbar an. Den psychischen Schaden, den ihr Sohn erlitten hatte, konnte Radhika nicht abschätzen. Rohans Unfähigkeit, sich mitzuteilen, gestaltete es schwierig zu beurteilen, wie schwer ihn die Monate der Trennung und Misshandlungen beeinträchtigt hatten. Radhika konnte nur beten, dass sich das Blatt für sie eines Tages wenden und sie in der Lage sein würde, Rohan die Hilfe zu besorgen, die er verdiente.

*

Nachdem sie von ihrer Begleitperson in eine Rikscha verfrachtet worden waren, traten sie die achtundvierzigstündige Reise über 1417 Kilometer von Neu-Delhi nach Pune im Distrikt Budhwar Peth an. Als sie eintrafen, waren sowohl Radhika als auch Rohan völlig erschöpft. Während der Reise hatte Radhika es genossen, Zeit mit ihrem Sohn zu verbringen. Nach einer Weile schien er sich zu entspannen. Trotzdem war sie nicht sicher, ob er sie überhaupt erkannte; mittlerweile waren sie mehr Zeit getrennt voneinander als zusammen gewesen. Zumindest wirkte er gesünder als beim letzten Mal, und die schreckliche Verletzung in seinem Mund schien verheilt zu sein, wenngleich nur die Götter wussten, was für psychische Narben eine solche Misshandlung hinterlassen haben mochte. Rohan sprach immer noch nicht, und offenbar erkannte er auch keine Dinge aus der Vergangenheit mehr, beispielsweise seine Lieblingskinderlieder. Radhika sang sie ihm dennoch vor. Ihre Mitreisenden sahen in ihr vermutlich eine gewöhnliche liebende Mutter, die sich um ihr Kind kümmerte. Radhika fühlte sich natürlich völlig anders. Sie musste etwas unternehmen. Und zwar bald.

Sie beschloss, darum zu kämpfen, dass Rohan von nun an bei ihr bleiben durfte. In Neu-Delhi hatte Rohan Glück gehabt – soweit man es »Glück« nennen konnte –, weil er dort anscheinend zumindest nicht misshandelt worden war. Doch wie sollte sie gewährleisten, dass es ihm in Pune genauso erging? Oder am nächsten Ort? Oder jenem danach? Radhika war immer noch jung und attraktiv; ihr war durchaus bewusst, dass sie den Menschenhändlern noch jahrelang Geld einbringen konnte. Wenn sie nicht etwas unternahm, um das zu beenden.

Sie sah sich um und nahm zum ersten Mal die völlig fremde Umgebung wahr. »Ich hatte keine Ahnung, wo wir uns befanden. Das Fragen hatte ich längst aufgegeben, weil darauf ohnehin nur mit Gleichgültigkeit und arrogantem Schweigen reagiert wurde. Dieses Mal war die Besitzerin des Bordells eine Frau namens Saili. In ihren Augen erkannte ich einen leichten Schimmer von Sanftheit, der mir verriet, dass ich vielleicht etwas Verhandlungsspielraum hatte, was Rohan anging. Daher trat ich entschlossen auf und sagte zu ihr, dass sie mir meinen Sohn nicht wegnehmen könne. Ich gelobte, mit so vielen Kunden zu schlafen, wie sie wollte, aber ich sagte, dass ich mich eher umbringen, als noch einmal eine Trennung von Rohan ertragen wollte.

Sie sah mich einen Moment lang an, dann sagte sie: ›Also gut. Aber was willst du mit ihm machen, während du die Gäste befriedigst?‹«

Radhika antwortete, dass sie die anderen Mädchen im Bordell überreden würde, sich um ihn zu kümmern. Sie war fest entschlossen, dass Rohan bei ihr bleiben sollte. Dann könnte ihr Kind zum ersten Mal seit unzähligen Monaten bei ihr sein, wenn sie schliefe. Nichts sollte das verhindern.

Saili zögerte zunächst, doch die Monate der Arbeit in Indiens verruchtesten Bordellen hatten Radhika abgehärtet. In dieser Frage würde sie sich nicht beugen. Zumal sie bemerkt hatte, dass Saili anders als die Tamangs war, nicht ganz so gefühllos und daher vielleicht etwas nachsichtiger. Radhika wollte dies unbedingt zu ihrem Vorteil nutzen. Sie begann zu weinen, sie schrie, zeterte, flehte, tat alles, um die Frau davon zu überzeugen, dass sie nicht von ihrem Sohn getrennt werden sollte, nicht von ihm getrennt werden *durfte*. Letzten Endes gab Saili nach. Radhika hatte gewonnen. Zum ersten Mal seit sehr langer Zeit hatte sie einen Anschein von Kontrolle über ihr Leben, über den *wichtigsten* Teil ihres Lebens – ihr Sohn und sie würden zusammenbleiben. Für Radhika war es ein Sieg in einer entscheidenden Schlacht – und ein erster Schritt hin zur Freiheit.

*

Radhika lebte sich rasch ein und freundete sich mit den anderen Mädchen an, zumal ihr bewusst war, dass Rohans Glück und Wohlbefinden von diesen Beziehungen abhing.

Einige Mädchen erwiesen sich als extrem freundlich. Sie beschäftigten den Jungen, indem sie mit ihm einfache Klatschspiele spielten oder ihn mit Kinderliedern unterhielten, während Radhika arbeitete. Die meisten hatten selbst Kinder oder kleine Brüder und Schwestern, die sie vermissten. Durch seine Anwesenheit, durch seine Unschuld gab ihnen Rohan ein vages Gefühl ihres früheren Lebens. Hatten sie jedoch selbst Kunden, musste Rohan in Radhikas kleinem, fensterlosem Abschnitt eines Vierbettzimmers bleiben, während seine Mutter Sex mit Fremden hatte.

Sie versuchte, Rohan von der elenden Realität ihrer Lage abzuschirmen, so gut es ging, indem sie aufwendige Geschichten darüber erfand, dass es den Männern nicht gut ginge. Radhika erklärte Rohan, sie spiele für sie die Krankenschwester, denn die Männer bräuchten Umarmungen, damit sie gesund würden, doch tief in ihrem Inneren wusste sie, dass der Gestank von schalem Alkohol, das Grunzen und das Stöhnen ihre Worte Lügen straften.

Da sie wusste, dass sie keine andere Wahl hatte und eine Trennung für sie beide noch schlimmer wäre, bemühte sie sich, ihren Sohn bestmöglich zu schützen. Sie brachte ihm bei, dass er ganz still sein musste und sich nicht rühren durfte, wenn sie ihn aufforderte, sich unter dem Bett zu verstecken. Und obwohl Radhika das Gefühl hatte, ihren Sohn schon wieder in jeder Hinsicht im Stich zu lassen, konnte sie nicht riskieren, dass er weggeschickt und womöglich von Fremden misshandelt wurde.

Der Umstand, dass sie gezwungen war, ihren Sohn mit anhören zu lassen, wie sie Sex mit Fremden hatte, von denen die meisten wenig zärtlich, manche sogar gewalttätig waren, ließ Radhika umso verzweifelter Fluchtpläne schmieden. Sie war stets auf der Hut, achtete jederzeit auf eine Gelegenheit, Rohan zu packen und wegzurennen. Doch die Chance ergab sich während ihres Aufenthalts in Pune nicht.

Letztlich blieben Rohan und Radhika drei Monate zusammen, bevor Saili sie in ihr Zimmer rief. Sie stellte Radhika eine fette Frau mittleren Alters vor, ihre Aufpasserin für die hundertachtzig Kilometer lange Busfahrt nach Mumbai, Bollywood-Hauptstadt und Zentrum von Indiens Sexgewerbe. Dort sollte sie in einem Bordell im berüchtigten Rotlichtviertel Kamathipura arbeiten.

Ohne ihre Träume aufzugeben, trat Radhika mit Rohan die nächste Reise an und betete sowohl zu Lakshmi als auch zu Ganesh, dass sich dieses Mal eine Möglichkeit zur Flucht ergeben würde.

*

Mittlerweile kannte Radhika die Anblicke und Gerüche von Indiens Rotlichtvierteln nur allzu gut, doch Kamathipura erwies sich allein aufgrund des Ausmaßes der Verdorbenheit von Anfang an als noch überwältigender als die anderen Orte, an denen sie zur Arbeit gezwungen worden war. Kamathipura war ursprünglich von den britischen Kolonialherrschern im 19. Jahrhundert für deren Truppen gegründet worden und seither zum größten Rotlichtviertel der Welt angewachsen.

Radhika schlang sich Rohan auf den Rücken und vergewisserte sich, dass er gut befestigt war. Nach dem Aussteigen aus dem Bus eilte sie hinter ihrer Aufpasserin her durch die gewundenen, fremden Straßen. Der Ort glich einem Labyrinth. Sie legten eine Strecke von mindestens drei Kilometern zurück, vorbei an deprimierenden Hochhäusern, die meisten in verwahrlostem Zustand mit abblätternder Farbe.

Auf den überfüllten Straßen trieben sich unzählige Frauen herum, lümmelten in den Eingängen heruntergekommener Gebäude, lehnten sich provokativ an dreckige Wände und stießen einander beiseite, wenn sie sich um Kunden rangelten. Als Radhika und Rohan vorbeigingen, brüllten ihnen einige Obszönitäten zu. Andere flüsterten oder priesen an, was sie alles zu bieten hatten, welche »Träume« sie erfüllen konnten. Radhika versuchte, ihren Sohn bestmöglich von den Szenen ringsum abzuschirmen. Für sie stand von Anfang an fest: Jede Perversion, die sich ein männlicher Verstand ausmalen konnte, gab es in dieser kleinen Welt zu kaufen, wenn der angebotene Preis stimmte.

Radhika empfand den Ort selbst im Vergleich zu den anderen Rotlichtvierteln, in denen sie gewesen war, als echte Hölle. Sie sah Kinder, die im Abwasser aus überfluteten Kanälen, in Müll, in faulenden Essensresten und sonstigem Unrat auf den Straßen spielten. Ratten huschten in den Schatten hin und her, Kakerlaken krabbelten überall herum. Radhika erblickte einen Jungen, etwa in Rohans Alter, schmutzig, unterernährt, erbärmlich gekleidet. Tränen traten ihr in die Augen. Unter keinen Umständen würde sie zulassen, dass Rohan so endete. Was es auch kostete, sie würde es verhindern.

Nach einer gefühlten Ewigkeit blieb ihre Begleiterin vor einem viergeschossigen Eckgebäude stehen und begrüßte die Besitzerin des Bordells. Noch bevor Radhika etwas sagen konnte, hörte sie zu ihrem Erstaunen, wie ihre Aufpasserin der Frau mitteilte, mit Radhika sei eine Abmachung getroffen worden, und ihr Sohn solle bei ihr bleiben. Radhika freute sich darüber, dass ihre Einschätzung Sailis, der Bordellbesitzerin in Pune, die Rohan bei ihr hatte bleiben lassen, richtig gewesen war.

Als ihre neue Chefin sie in das dunkle Gebäude winkte, seufzte Radhika. Die Frau war eine schwer übergewichtige Inderin Mitte vierzig. Ihr hellrosa *Sari* entblößte den vorstehenden Bauch, der in endlosen Speckrollen über ihr Unterkleid hing. Radhika wurde nach oben in einen kleinen Raum geführt, wo sie ihre neuen Zimmergenossinnen kennenlernte.

Das Erste, was sie empfand, war Mitleid mit den drei Mädchen, die ihr vorgestellt wurden. Sie waren noch jünger als sie, etwa so alt, wie Radhika gewesen war, als sie jenen ersten, verhängnisvollen Schluck Cola getrunken hatte. Auch sie stammten aus Nepal. Sie erinnerten Radhika an sie selbst vor einigen Jahren. Ihr Anblick versetzte ihr unwillkürlich einen Stich.

Die Mädchen waren klein und zierlich. Und die Größte war mit eins achtundfünfzig etwas kleiner als Radhika. Riya und Reeta waren beide 17 Jahre alt, Laxmi war mit 16 Jahren die Jüngste. Radhika konnte fühlen, dass noch Leben in ihnen steckte. Erleichtert stellte sie fest, dass die drei, im Gegensatz zu so vielen anderen Mädchen, denen sie in den vergangenen Monaten begegnet war, noch etwas Lebensgeist und Würde besaßen. Alle achteten auf ihr Äußeres und wahrten trotz der Schäbigkeit ihres Umfelds ein Mindestmaß an Stil.

Reeta hatte glänzendes schwarzes Haar, das sie sorgsam zu einem eleganten Zopf geflochten trug. Riyas und Laxmis schwarze Locken wirkten seidig und waren bezaubernd zu ordentlichen Pferdeschwänzen frisiert. Ihre knalligen bunten *Saris* trugen sie würdevoll und anmutig. Doch trotz der Tapferkeit, die sie ausstrahlten, entging Radhika nicht, dass sie alle in dieser Umgebung schon schreckliche Erfahrungen gemacht hatten. Auch sie waren von Menschenhändlern aus Nepal nach Indien gebracht worden, nachdem man sie mit dem Versprechen einer besseren Arbeit in Lebensmittelläden und Teppichfabriken geködert hatte. Doch sie machten eindeutig das Beste aus ihrer üblen Lage, und dafür bewunderte Radhika sie.

Sie mochten sich auf Anhieb. Rohan begeisterte sie, und sie versprachen Radhika, dass sie sich gut um ihren Jungen kümmern würden. Im Verlauf der nächsten Wochen hielten sie

Wort und gaben sich alle Mühe, den Kleinen vor Anblicken zu schützen, die kein Kind je bezeugen sollte.

Jeden Abend, wenn Radhika einzuschlafen versuchte, plagten sie Gewissensbisse. Die Frage, ob ihre Entscheidung, Rohan bei sich im Bordell zu behalten, richtig gewesen war, ließ ihr keine Ruhe. Einerseits konnte sie ihn zwar so vor physischer Gewalt beschützen, andererseits war nicht abzusehen, welchen Schaden er auf emotionaler Ebene durch diese Erfahrungen erleiden mochte.

Nacht für Nacht sorgte sie sich deshalb, umso mehr, da sie wusste, dass ihr Sohn durch seine Erlebnisse ohnehin schon traumatisiert war. Das Bild des unbekannten Jungen, der im Abwasser gespielt hatte, tauchte immer wieder vor ihrem geistigen Auge auf. Sie schwor sich, dass sie Rohan und sich selbst schon bald aus dieser Welt wegschaffen würde, bevor Rohan noch älter wurde.

Die Frage war nur: Wie?

RÜCKKEHR
DER HOFFNUNG

Die große Flucht

In einer der kältesten Winternächte seit Menschengedenken leuchteten die Sterne über Mumbai strahlend hell.

Im Bordell herrschte klirrende Kälte. Radhika, Laxmi, Riya und Reeta zogen die Vorhänge um ihre schmutzige Kabine zu und kauerten sich eng zusammen. Mit geweiteten Augen hielten sie einander an den Händen. Die vier Mädchen hatten einen Fluchtplan geschmiedet, und die Zeit war gekommen, ihn in die Tat umzusetzen.

Die Angst der Mädchen war fast greifbar; sie alle wussten, dass ihr Schicksal besiegelt wäre, wenn nur eine Kleinigkeit nicht nach Plan verliefe. Noch einmal gingen sie jedes Detail durch, obwohl sie das bereits öfter getan hatten, als sie sich erinnern konnten. Müde, aufgewühlt, verängstigt und doch auch aufgeregt stimmten sie alles ein letztes Mal methodisch ab. Jede von ihnen wusste, sollte einer von ihnen ein winziger Fehler unterlaufen, wäre ihrer aller Leben – auch das des kleinen Rohan – vorbei. Es stand zu viel auf dem Spiel, um in dieser späten Phase einen Fehltritt zu begehen.

Obwohl Reeta erst siebzehn Jahre alt war, verkörperte sie die selbst ernannte Rädelsführerin ihrer kleinen Bande. Mit ihrer hellen Haut und den fein geschnittenen Zügen besaß sie eine Schönheit, die ihr in einem anderen Leben, und mit ein paar Zentimeter mehr Körpergröße, zweifellos großen Erfolg als Model oder Schauspielerin hätte bescheren können. Doch was ihr an Größe fehlte, machte sie charakterlich wett. Reeta war temperamentvoll, direkt und ehrlich. Sie plante alles, überließ nichts dem Zufall. Ihre Einstellung war ausnahmslos positiv – sie machte das Beste aus ihrem Los, weigerte sich jedoch standhaft, sich den Stempel »Opfer« aufdrücken zu lassen. Reeta fand sich einfach nicht damit ab, dass sie für den Rest ihres Lebens eine Prostituierte sein sollte. Deshalb hatte sie überlegt, geplant und die anderen so lange angespornt, bis sie bei jener Nacht angelangt waren – bis alle davon überzeugt waren, dass die Flucht möglich sei.

Über ihre Erziehung sprach sie nicht gern. Vermutlich hatte sie eine harte Kindheit gehabt, an die sie nicht denken wollte. Doch es war von Anfang an klar gewesen, dass sie und die anderen Mädchen aus Nepal stammten, was sie alle sofort zusammengeschweißt hatte. Reeta war eine geborene Führungspersönlichkeit und erteilte Anweisungen mit beinah militärischer Präzision.

In einer anderen Zeit und an einem anderen Ort hätte sie zweifellos mehr aus ihrem Leben machen können, da ihr selbst im zarten Alter von siebzehn Jahren die Leute wirklich zuhörten, wenn sie sprach.

»Denkt daran, das Wichtigste ist, leise zu bleiben«, flüsterte sie ihren Kameradinnen zu. »Wir brechen in zehn Minuten auf, also gegen zwei Uhr morgens, und steigen zusammen die Treppe hinunter. Ich gehe voraus und bleibe an der Spitze. Radhika, Rohan und Riya sind in der Mitte, Laxmi hängt etwas zurück. Wenn die Sicherheitsleute hinten noch weg sind, gehen wir selbstsicher zur Tür hinaus. Wenn sie zurück sind, hört ihr mich ›Namaste‹ sagen – das ist euer Zeichen, ins Zimmer zurückzugehen. Ich behaupte dann einfach, dass ich durstig bin und mir nur etwas Wasser holen will.

Wenn alles nach Plan verläuft und wir es zur Tür hinaus schaffen, gehen wir rasch zur Station. Riya, Laxmi und ich gehen vor Radhika und Rohan, um Fahrkarten für uns alle zu kaufen.

Dieser Teil ist jetzt wichtig«, erklärte sie, verstummte kurz und musterte die Gesichter ihrer Freundinnen eingehend, bevor sie mit deutlicher Betonung fortfuhr. »NICHT RENNEN! Wir wollen niemanden auf uns aufmerksam machen.«

Eindringlich sah Reeta ihre Freundinnen an, junge Frauen, die für sie innerhalb sehr kurzer Zeit so wichtig geworden waren und denen sie ihre Zukunft anvertraute. In ihren Gesichtern erkannte sie dieselbe Angst, die sie tief in sich zu verbergen versuchte. Als sie wieder das Wort ergriff, klang ihre Stimme zittrig, und in ihren Augen glänzten Tränen.

»Und jetzt nehmt allen Mut zusammen und kämpft um euer Leben. Denkt daran, was immer von jetzt an mit uns geschieht, kann nicht schlimmer sein als das, was wir hier jeden Tag ertragen müssen. Wir haben nichts zu verlieren außer unser Leben – und was ist das Leben hier schon wert?«

Alle Mädchen nickten. Alle empfanden dasselbe wie Reeta. Diese eingeschworene Gruppe war im Begriff, für einen gewagten Versuch, die Freiheit zu erlangen, alles zu riskieren. Aber selbst wenn ihr Plan fehlschlagen sollte, gab es kaum schlimmere Strafen, als Tag für Tag bis zu dreißig Kunden befriedigen zu müssen, das wussten sie alle. Für sie war es das Risiko wert.

*

In den Wochen, die zu diesem Tag geführt hatten, hatten Reeta, Riya und Laxmi Radhika und Rohan geholfen, sich bestmöglich einzufinden. Innerhalb sehr kurzer Zeit war ihnen Radhika ans Herz gewachsen, nicht zuletzt wegen Rohan, den sie so liebevoll betreuten und dem sie viel Aufmerksamkeit schenkten.

Radhika hatte ihren Freundinnen alles über ihre Erfahrungen erzählt. Insbesondere hatte sie ihnen anvertraut, wie sehr Rohan unter den anderen Bordellbesitzerinnen gelitten hatte. Er war immer noch unnatürlich verschlossen und blieb seiner Mutter gegenüber besorgniserregend distanziert, was Radhika regelmäßig das Herz brach. Doch dank der Mädchen, die wirklich alles in ihrer Macht Stehende taten, um zu helfen, konnte Radhika ihn in Mumbai wenigstens vor weiteren Misshandlungen schützen. Ihre Freundinnen wechselten sich dabei ab, Rohan zu herzen, ihm vorzusingen, ihn zu füttern oder ihm das Haar zu streicheln, bis er einschlief, beinah so, als wäre er ihr eigenes Kind.

Die Mädchen vertrauten ihrer neuen Freundin an, dass sie schon seit Dezember 2006 die Flucht planten, seit sie in dem Bordell in Mumbai angekommen waren und erkannt hatten, dass sie keineswegs eine einträgliche Arbeit erhalten würden, sondern als Prostituierte an jeden verkauft werden sollten, der bereit war, den niedrigen Preis zu bezahlen.

Sie ließen sich vom ständigen Elend ihrer alltäglichen Existenz nicht brechen, blieben trotzig, wollten nicht akzeptieren, dass ihr Schicksal ein Leben in Gefangenschaft sein sollte. Mit Reeta als Anführerin arbeiteten sie daran, einen Weg aus dem Bordell zu finden.

Da sie wussten, dass Geld entscheidend für einen erfolgreichen Fluchtversuch sein würde, und sie rasch erfahren hatten, dass alles, was sie verdienten, sofort an die Bordellbesitzerin ging, entwickelten sie einen riskanten Plan, um ihren Freiern Geld abzuluchsen.

Die meisten Männer besuchten das Haus nach der Arbeit und betranken sich mit dem billigen Fusel, den ihnen die Bordellbesitzerin verkaufte, bevor sie sich ein – oder mehrere – Mädchen vom Catwalk aussuchten. Wenn es so weit war, konnten viele kaum noch aufrecht stehen. Die Mädchen begannen, trotz des erheblichen Risikos, Geld aus den Taschen der betrunkensten Freier zu stehlen und es unter einer losen Bodendiele neben Radhikas Bett zu verstecken.

Als Radhika und Rohan in der Stadt ankamen, hatten die Mädchen bereits genug beisammen, um nicht nur ihre eigene Flucht zu finanzieren, sondern auch die ihrer neuen Freundin und deren Sohnes. Radhika empfand es als über alle Maße freundlich von ihnen, sie in ihre Pläne mit einzubeziehen. Durch das Trauma ihrer gescheiterten Flucht mit Jigmi kannte sie die Risiken nur allzu gut. Sie hoffte nach wie vor, dass Jigmi noch lebte, wusste jedoch tief in ihrem Herzen, dass es unwahrscheinlich war. Aber sie hatte die Grenze ihrer Belastbarkeit erreicht. Sie konnte ihr Schicksal nicht mehr ertragen und wollte vor allem Rohan nicht länger der perversen, verkommenen Realität des Bordelllebens aussetzen. Wenngleich Reeta, Riya und Laxmi ihnen alles wesentlich erleichterten, wusste Radhika nur zu gut, dass sich ihre Umstände jederzeit radikal ändern konnten, indem sie gezwungen würde, in ein anderes Bordell umzuziehen, wo man ihr Rohan vielleicht wieder entriss. Allein der Gedanke war unerträglich. Sie musste das Risiko eingehen und darauf hoffen, dass Reetas Plan funktionierte.

Radhika betrachtete ihre Freundinnen, während sie einander in der Dunkelheit ihre Gedanken, ihre Pläne, ihre Hoffnungen und Träume zuflüsterten. Ihr Selbstvertrauen wirkte ansteckend. Diesmal *würde* der Plan funktionieren. Anders konnte es einfach nicht sein.

*

In der Nacht ihrer Flucht schien Lakshmi ihnen beizustehen. Aus irgendeinem Grund bewachte das Sicherheitspersonal die Türen nachts nicht mehr, höchstwahrscheinlich, um für die Bordellbesitzerin Kosten zu sparen. Die Mädchen traten ihre Flucht um zwei Uhr an, da um diese Zeit ein Totpunkt in den Abläufen der Nacht einsetzte. Die meisten Stammkunden waren bereits nach Hause gewankt, während Gäste, die über Nacht blieben, entweder tief und fest schliefen oder anderweitig beschäftigt waren, um für ihr Geld entsprechende Leistung von dem Mädchen ihrer Wahl zu erhalten.

Radhika erlebte ein Déjà-vu, als sie ihre spärlichen Habseligkeiten in eine kleine Tragetasche packte. Sie hatte das schon einmal gemacht, hoffte jedoch, dass es nun das letzte Mal sein würde. Alles, was sie noch besaß, waren zwei abgetragene *Kurtas* und eine halbe Flasche Shampoo. Sie entledigte sich ihrer Prostituiertenuniform – eines engen, kurzen schwarzen Elastanrocks und eines gelben Korseletts – und warf sie verächtlich auf den Boden. Als sie anschließend eine schlichte schwarze *Kurta*, löchrige Jeans und schwarze Pantoffeln anzog, fühlte sie sich, als hätte sie eine Hautschicht abgestreift und darunter ihr wahres Ich zum Vorschein gebracht. Sie betete zu den Göttern, dass sie nie wieder ihre Prostituiertenkleider tragen musste.

Reeta bedeutete ihnen, dass der Wecker auf dem Nachttisch zwei Uhr anzeigte und es Zeit sei zu gehen. Radhikas Atem ging schneller, als sie Rohan mit einem fleckigen blauen *Pashmina* auf ihrem Rücken befestigte und den Raum verließ, um hinunter ins Erdgeschoss zu schleichen. Das entsetzliche Trauma, das ihr Sohn durch die Menschenhändler erlitten hatte, äußerte sich in seiner völligen Unfähigkeit, verbal zu kommunizieren. Rohan sprach immer noch kein Wort, doch das hielt Radhika nicht davon ab, ihm beruhigend zuzuflüstern. »Sei ganz leise und halt dich an Mami fest.«

Sie drehte den Kopf, um sein Gesicht zu küssen, und fügte hinzu: »Ich weiß, dass du Angst hast, aber ich verspreche dir, Rohan, ich lasse nie mehr zu, dass dir jemand wehtut. Versuch, die Augen zu schließen, und wenn du sie wieder aufmachst, haben wir dieses Leben hoffentlich für immer hinter uns gelassen.«

Langsam bahnten sich die vier Mädchen den gefährlichen Weg durch das Bordell. Völlig verängstigt schlichen sie hinunter. Sie wussten, das geringste Geräusch konnte unerwünschte Aufmerksamkeit auf sie lenken. Schließlich, gefühlte Stunden später, erreichten sie das Erdgeschoss. Sie gingen weiter, ließen sich von ihren Instinkten durch die Dunkelheit zur Hintertür führen, hinter der die Welt draußen und die Freiheit warteten. An der Rückseite des Gebäudes gab es keine Beleuchtung, und das Sicherheitspersonal hatte seine Posten nach wie vor nicht eingenommen. Die Mädchen hielten den Atem an und lauschten, beobachteten, doch es schien sich nichts und niemand zu rühren.

»Ich konnte meinen Herzschlag spüren. Wir hatten die perfekte Nacht gewählt«, erinnert sich Radhika. »Die anderen Mädchen eilten voraus zur Station, um Fahrkarten zu kaufen, während Rohan und ich eine Rikscha besorgen sollten. Erst da fiel mir ein, dass ich vergessen hatte, Reeta um Geld für den Fahrer zu bitten, aber als dieser die blanke Angst in meinen Augen sah, verriet mir seine Miene, dass er uns helfen würde. Wir waren unterwegs.«

Das Licht der Straßenlampen flackerte verschwommen an Radhika vorbei, als sie den Kopf an Rohans Wange drückte und die kühle Nachtluft in ihre Lungen ließ. Erstaunlicherweise war Rohan tief eingeschlafen und bekam von der Anspannung, von den Ängsten und Hoffnungen seiner Mutter nichts mit – von der Angst, dass jede Sekunde alles schiefgehen könnte, von der Hoffnung, dass ihr Vorhaben tatsächlich gelingen würde.

Es schien ewig zu dauern, bis sie den Bahnhof erreichten, doch in Wirklichkeit verstrich höchstens eine Viertelstunde. Mittlerweile war es halb drei, und obwohl es sich wie Stunden anfühlte, war seit dem Aufbruch aus dem Zimmer im Bordell erst eine halbe Stunde vergangen.

Der Rikscha-Fahrer lächelte ermutigend, als er Radhika und Rohan aussteigen ließ. Vielleicht würde sie wirklich ausnahmsweise Glück haben. Wieder war sie einem Fremden mit guten Absichten begegnet, der keine Gegenleistung zu erwarten schien. Jemandem wie Jigmi. Rasch verdrängte sie den Gedanken an ihn.

Im Bahnhof sah sich Radhika um und hielt nach ihren Freundinnen Ausschau. Da waren sie! Laxmi, Riya und Reeta standen an ihrem vereinbarten Treffpunkt. Sie wirkten so unglaublich jung, eine typische Gruppe von Mädchen im Teenageralter, die auf das Eintreffen ihrer Familie warteten. Niemand konnte ahnen, was sie alle durchgemacht hatten, um so weit zu kommen; niemand konnte wissen, welchem Risiko sie in jenem Moment immer noch ausgesetzt waren.

Radhika ging zu ihren Freundinnen, die sich in einer Ecke des Fahrkartenverkaufsbereichs hinter einer Säule befanden. Trotz der frühen Stunde warteten bereits einige Reisende darauf, die Last ihres Gepäcks in ankommende Züge laden zu können. Die jungen Frauen umarmten einander kurz, dann drückte Reeta Fahrkarten und 500 INR (etwa 7 Euro) in Radhikas Hand. Sie umarmte sie erneut, wobei sie darauf achtete, den schlafenden Rohan nicht zu wecken.

»Hier, Schwester«, sagte Reeta und lachte nervös. »Jetzt bist du schon halb zu Hause.«

Der Plan sah vor, dass Radhika in den Zug nach Gorakhpur steigen sollte, eine kulturell und geschichtlich bedeutende Stadt, die gerne von Touristen besucht wird. Im 20. Jahrhundert hatte der Ort im Mittelpunkt der indischen Unabhängigkeitsbewegung gestanden. Im Februar 1922 während der britischen Kolonialherrschaft ereignete sich dort der Zwischenfall von Chauri Chaura. Damals setzte eine nationalistische Meute ein Polizeirevier in Brand; im Inneren verbrannten dreiundzwanzig Beamte bei lebendigem Leib. Nun würde Gorakhpur eine bedeutende Rolle in der Geschichte von Radhikas eigenem Kampf um Freiheit spielen.

Gorakhpur ist eine weitläufige Stadt und ein Distrikt mit über acht Millionen Einwohnern und liegt im östlichen Teil des indischen Bundesstaates Uttar Pradesh, nahe der Grenze zu Nepal. Sie ist nach einem asketischen Heiligen aus dem Mittelalter namens Gorakhnath benannt, dem bedeutendsten Schüler des Yogis Matsyendra. Zusammen begründeten Matsyendra und Gorakhnath die Linie des Nath-Sampradaya. Der Überlieferung nach steht der Gorakhnath-Tempel an der Stelle, an der Gorakhnath Hatha-Yoga praktizierte, um Selbstkontrolle zu entwickeln. Und Buddha wurde in Kapilvastu in der Nähe von Gorakhpur geboren. Es heißt, er habe seine Prinzengewänder am Zusammenfluss von Rapit und Rohini abgelegt, als er im 6. Jahrhundert v. Chr. zu seiner Suche nach der Wahrheit aufbrach.

Wenn es Radhika bis nach Gorakhpur schaffte, konnte auch sie ihr vergangenes Leben als Prostituierte ablegen, mit Rohan in die Heimat Nepal zu ihrer Familie zurückkehren und einen Neuanfang wagen. Mittlerweile war sie voller Hoffnung, dass ihre Träume wahr werden würden.

*

Die Entfernung von Mumbai nach Gorakhpur beträgt 1631 Kilometer. Radhikas und Rohans Zugfahrt sollte drei beschwerliche Tage dauern, mit zu vielen Zwischenstopps, um sie zu zählen. In Gorakhpur wollte Radhika einen Bus nach Sunauli nehmen. Traditionell wird der Name für beide Seiten des Grenzübergangs zwischen Indien und Nepal verwendet, der siebzig Kilometer nördlich von Gorakhpur und drei Kilometer südlich von Siddharthanagar liegt.

Offiziell heißt die indische Seite Sunauli, die nepalesische Seite Belahiya. Beides sind kleine, überfrachtete, staubige Ortschaften.

Die Route, die Laxmi, Riya und Reeta einschlagen wollten, versprach, weniger anstrengend zu werden. Sie alle entstammten keinen engen Familienbanden und hatten kein Interesse daran, nach Nepal zurückzukehren. Stattdessen waren sie füreinander wie eine Familie geworden – sie hatten beschlossen, zusammenzubleiben und auf der Suche nach legalen Beschäftigungen durch Indien zu reisen.

Radhika war nervös. Sie hatten nach wie vor zwanzig Minuten zu warten, bis der erste Zug abfahren sollte, und die Angst davor, gefasst zu werden, war überwältigend. Wie lange würde es noch dauern, bis man ihre Abwesenheit bemerkte? Was, wenn jemand sie erwischte? Würde man sie töten? Radhika wusste, dass ihren Freundinnen ähnliche Gedanken durch den Kopf gingen, und sie versuchte, ihre eigenen Ängste zu verdrängen.

Die Mädchen begannen, sich über ihre Zukunftsträume zu unterhalten. »Radhika wird bestimmt ein Bollywood-Star«, scherzte Reeta. »Die Figuren hat sie jedenfalls intensiv genug dafür studiert.«

»Wenn Radhika nach Bollywood geht, dann gehst du nach Hollywood«, meinte Riya zu Reeta. »Du hast bereits das Unmögliche geschafft, indem du uns so weit gebracht hast. Jetzt ist für dich nichts mehr zu groß.«

Laxmi war neben Radhika das stillste Mitglied der Gruppe, doch selbst sie hatte einen Vorschlag für Reetas Zukunft zu bieten. »Vergesst das alles«, sagte sie trocken. »Reeta wird Befehlshaberin der indischen Armee. Dann kommt sie mit einem Panzer zurück und walzt jedes Bordell im Land platt.«

Radhikas Beitrag fiel ernsthafter aus. Sie erklärte Reeta, diesem erstaunlichen Mädchen, wie sehr sie ihren Mut und ihr Selbstvertrauen bewundere, Eigenschaften, durch die sich die vier Mädchen und Rohan überhaupt erst am Bahnhof befanden. Sie schuldete ihr mehr, als sie ihr je zurückzahlen konnte.

Das mädchenhafte Geplauder half, die Zeit zu vertreiben, bis sie abreisen würden. Eine Durchsage über die Lautsprecher informierte Radhika schließlich, dass ihr Zug bereit zur Abfahrt war. Rohan schlief immer noch auf ihrem Rücken, als sie nacheinander Laxmi, Reeta und Riya umarmte.

Tränen strömten ihr über das Gesicht, als sie zu ihnen sagte: »Ihr habt meinem Sohn eine Chance für die Zukunft geschenkt. Ich kann euch das nie vergelten, aber ich hoffe, die Götter werden es für mich tun. Viel Glück, und bleibt zusammen – ihr seid ganz besondere Menschen.«

Mit diesen Worten in den Ohren beobachteten die Mädchen, wie Radhika alle Kraft zusammennahm und sich von ihnen entfernte. Diese drei außergewöhnlich beherzten jungen Frauen hatten ihr zuerst die neue Hoffnung gegeben, die sie gebraucht hatte, danach den Mut und den Glauben, dass ihr Traum tatsächlich wahr werden könne. Die Großzügigkeit der Mädchen ließ sich schlichtweg nicht zurückzahlen, auch wenn sich Radhika fest vornahm, es wenigstens zu versuchen.

Mit Rohan und ihren kargen Habseligkeiten bestieg sie den Zug.

Ihre Kraft schwand allmählich. Radhika litt bereits seit Wochen an leichtem Fieber, aber die Bordellbesitzerin hatte sich geweigert, einen Arzt zu holen, und mittlerweile fühlte sich Radhika entsetzlich. Sie hatte Mühe, konzentriert zu bleiben. Ihr war schwindlig und sehr heiß. Dennoch versuchte sie, die Schwäche in ihrem Körper zu ignorieren, und schrieb sie dem enormen Stress des Augenblicks zu.

Sie schleppte sich durch den Waggon, vorbei an Familien, die sich für die lange Reise niederließen. Schließlich fand Radhika zwei freie Sitze neben einem schmutzigen Fenster. Behutsam löste sie Rohan von ihrem Rücken und legte ihn vorsichtig hin, um ihn nicht zu wecken. Er rührte sich nicht, und sie dankte den Göttern erneut, dass sie es wohlbehalten so weit geschafft hatten.

*

Radhika lehnte den Kopf an den Sitz und holte tief Luft. Sie hatten es geschafft. Es war vorbei.

Sie rieb sich mit den Händen die müden Augen, schüttelte den Kopf und versuchte, klar zu denken. Es blieb gerade noch Zeit, den Mädchen zum Abschied ein letztes Mal zuzuwinken.

Zittrig stand sie auf und stützte sich am Sitz vor ihr ab, als der Waggon vor ihr zu verschwimmen begann. Sie war bloß müde, mehr nicht, redete sie sich ein. Mit einem Blick auf ihren schlafenden Sohn vergewisserte sie sich, dass es Rohan gut ging, dann drängte sie sich an den anderen Passagieren vorbei zum Fenster des Zugs.

Radhika beugte sich hinaus und blickte umher, versuchte, ihre Freundinnen ausfindig zu machen. Mittlerweile war es voll geworden. So viele Leute eilten umher. Sie konnte sie nicht entdecken.

Halt! War das Reeta? Sie kniff die Augen zusammen und späte durch den dämmrigen Bahnhof. Die Mädchen mussten so aufgeregt sein. Genau wie Radhika und Rohan waren sie endlich frei.

Dann schlug ihr Hochgefühl jäh in blankes Grauen um. Sie konnte ihren Augen kaum glauben. Unwillkürlich beugte sich Radhika aus dem Fenster, so weit es ging. Es konnte nicht wahr sein. So grausam durfte das Schicksal einfach nicht sein. Kurz schloss sie die Augen in der Hoffnung, dass es nur ein böser Traum sei, doch als sie die Lider öffnete, sah sie dasselbe Bild.

Auf dem Bahnsteig drängten sich die Handlanger der Bordellbesitzerin durch die Leute. Sie hatten Radhika eindeutig gesehen und bahnten sich einen Weg auf sie zu. Rasch ließ Radhika den Blick über die Menge wandern und hoffte inständig, die Mädchen mögen entkommen sein, dann schaute sie zurück zu den drei stämmigen Männern, die ihren Waggon in kürzester Zeit erreichen würden.

Diese Schläger waren berüchtigt für die Prügel, die sie den Mädchen im Bordell mit Eisenstangen verpassten. Sie verbargen selten, dass es ihnen Freude bereitete, die jungen Frauen blutig zu schlagen. Alle Mädchen im Bordell lebten in ständiger Angst vor ihnen. Radhika wusste, wenn es ihnen gelänge, sie aus dem Zug zu holen, wäre alles vorbei.

Schnell zog sie den Kopf durch das geöffnete Fenster zurück. Trotzdem konnte sie die Männer noch sehen. Sie konnte sogar das Knirschen ihrer Schuhsolen auf dem Bahnsteig hören.

Also war alles umsonst gewesen.

Ihr Herz hämmerte gegen die Brust, als sie versuchte, der Verzweiflung Herr zu werden, die sie überkam. Bald würde es vorbei sein. Abermals schloss sie die Augen und wartete darauf, aus dem Zug gezerrt zu werden. Dann geschah etwas Wundersames.

Der Zug begann zu ruckeln und zu schaukeln. Radhika hörte den Lärm des Triebwerks – und hielt den Atem an, als sich neue Hoffnung in ihr regte. Vielleicht, nur *vielleicht*, wachten die Götter doch über Rohan und sie. Langsam setzte sich der Zug in Bewegung.

»Bitte! *Bitte* ...«, flüsterte sie inbrünstig. Sie wusste, dass die Männer ihren Waggon beinah erreicht hatten.

»Bitte fahr los! FAHR LOS!« Ihr Flüstern schwoll zu einem Schrei an; der Zug nahm in dem Moment richtig Fahrt auf, als Radhikas Verfolger auf die Waggontür zusprangen.

Mit einem letzten Aufheulen des Triebwerks beschleunigte der Zug weiter und fuhr viel zu schnell aus dem Bahnhof, als dass noch jemand einsteigen konnte. Nach ein paar Sekunden beugte sich Radhika aus dem Fenster – die Männer rannten noch immer hinter dem Waggon her, doch gegen das mächtige Triebwerk des Zugs hatten sie keine Chance.

Radhika schloss erneut die Augen, holte tief Luft und stieß einen lauten Schrei aus. Ihr war egal, was die Leute von ihr denken mochten, sie brauchte ein Ventil für all die aufgestaute Wut und die Emotionen ihrer Jahre der Gefangenschaft. Der Schrei kam aus ihrem Innersten und schien eine Ewigkeit anzuhalten.

Danach verspürte sie kurz Erleichterung, wurde jedoch sogleich von Schuldgefühlen überwältigt, als sie neben Rohan Platz nahm. Ihr Sohn und sie waren frei, doch was war mit ihren Retterinnen, mit Laxmi, Riya und Reeta? War es auch ihnen gelungen, zu entkommen? Ihre Züge waren noch nicht eingetroffen. Sie hatte sich eben erst von ihnen verabschiedet, bevor sie mit Rohan eingestiegen war. Was, wenn sie gefasst wurden? Was, wenn sie in diesem Augenblick von den Männern gefangen genommen wurden? Was, wenn sie zurück ins Bordell geschleift wurden? Das durfte einfach nicht geschehen. So grausam konnten die Götter nicht sein.

Radhika ließ den Kopf in ihre Hände sinken, während sie in dem Zug saß, der sie aus Mumbai brachte. Sie konnte nur beten, dass ihre Freundinnen ebenfalls unterwegs in die Freiheit waren. Etwas anderes war einfach zu schrecklich, um es sich auszumalen.

Rettung

Radhikas Herz schlug immer noch schnell, als sie sich letztlich neben ihrem schlafenden Sohn zurücklehnte und sich dem Augenblick hingab.

Trotz all des früheren Grauens, all der Aufregung, Verzweiflung und Hoffnung, empfand sie nun seltsamerweise gar nichts. Fast drei Jahre lang war sie mit Zügen von einer entsetzlichen Tragödie zur nächsten transportiert worden. Mittlerweile ging sie auf die einundzwanzig Jahre zu. Das Geräusch der Räder auf den Schienen hatte für sie immer wie eine klägliche Symphonie des Kummers geklungen und sie mit Gefühlen der Beklommenheit und Unsicherheit erfüllt. Nun fühlte sich Radhika diesem Geräusch und so gut wie allem anderen gegenüber völlig taub. Nur eine Empfindung überwältigte sie nach wie vor – unsterbliche Liebe für den kleinen Jungen, der eingerollt neben ihr lag.

Sie beobachtete, wie Rohan neben ihr tief und fest schlief, und dachte über die Intensität der Liebe nach, die sie für ihn empfand. Nur ihr unerschütterlicher Wunsch, mit ihrem Sohn wiedervereint zu werden, hatte es ihr ermöglicht, die extremen Grausamkeiten der vergangenen Jahre zu überstehen.

Für Rohan hatte sie es ertragen, als bloßes Stück Fleisch behandelt zu werden, ein widerwilliger Körper, mit dem sich unzählige Fremde vergnügten. Und letzten Endes war Rohan ausschlaggebend dafür gewesen, dass sie eingewilligt hatte, sich an dem riskanten Fluchtplan der Mädchen zu beteiligen. Sie war bereit gewesen, das Risiko eines Fehlschlags einzugehen, weil die Alternative – weiterhin in dieser Hölle zu leben und sich damit abzufinden, dass der Rest ihres Lebens so aussehen würde – schlichtweg undenkbar war. Radhika würde nie akzeptieren, dass Rohan wie der kleine Junge werden könnte, den sie im Abwasser und Dreck spielen gesehen hatte. Eher wollte sie ihn und sich umbringen.

Die lange Reise in die Heimat nach Nepal stellte die letzte Hürde auf dem Weg zur Erlösung für Radhika dar. Aber konnte sie es schaffen? Besaß sie noch genug Kraft? Sie sah ihren Sohn an und wusste, dass sie für ihn alles ertragen würde.

Schon als Radhika ihn zum allerersten Mal erblickt hatte, empfand sie eine so überwältigende Liebe für ihn, dass sie sich unbesiegbar fühlte. Damals konnte sie noch nicht wissen, in welchem Ausmaß diese Liebe auf die Probe gestellt werden sollte. Doch sie hatte nicht ausschließlich Dinge über sich ergehen lassen, sondern letztlich auch bis zu einem gewissen Grad gesiegt, was Radhika mit ein wenig Stolz erfüllte.

Wenngleich sie erleichtert darüber war, sich auf dem Weg nach Hause zu befinden, ließen sie ihre zunehmenden körperlichen Schmerzen und ihr wachsendes Unbehagen erahnen, dass ein seliges Ende ihrer Torturen noch ein gutes Stück entfernt lag. Ihr Schwindelgefühl und ihre Übelkeit hatten nicht nachgelassen, auch das Fieber war noch da und schien sogar gestiegen zu sein. Während sie Rohan betrachtete, der im Verlauf der Reise zunehmend unruhiger wurde, fragte sie sich, ob das Leben für sie beide je »normal« sein würde. Rohan würde die nächsten Jahre zweifellos die ungeteilte Liebe und Aufmerksamkeit seiner Mutter brauchen, wenn er ein emotionales Gleichgewicht finden sollte.

Immer wieder nickte sie kurz ein. Dazwischen kreisten ihre Gedanken mehrmals um Reeta, Riya und Laxmi. Die Loyalität und der Mut der Mädchen waren unbeschreiblich, und sie konnte nur weiterhin beten, dass ihnen ebenfalls die Flucht gelungen sein möge. Falls nicht, so hoffte sie, dass eines Tages auch sie frei sein würden.

Es sollte drei lange Tage und Nächte dauern, bis der Zug letztlich in Gorakhpur im Osten von Uttar Pradesh mit quietschenden Bremsen zum Stehen kam. Doch davor hatten Radhika und Rohan noch einiges zu ertragen. Während die mittlerweile vertraute indische Landschaft an den Fenstern vorbeizog, dachte Radhika über ihr bisheriges Leben nach. War es ein Wunder, dass sie sich so krank fühlte? In den vergangenen Jahren hatte sie sowohl physisch als auch psychisch Unvorstellbares erlitten.

»Seit mir meine Niere gestohlen wurde, hatte ich mich nie hundertprozentig gesund gefühlt«, erklärt Radhika. »Die Gewalt, die mir von meinem Ehemann Rajesh angetan wurde, schwächte mich weiter, und durch die Armut, unter der Rohan und ich litten, hatten wir oft tagelang nichts Richtiges zu essen. Und die physischen Strapazen, denen mein Körper in den Bordellen ausgesetzt war, trieben mich letztlich nah an den völligen Zusammenbruch. Ich konnte fühlen, dass ein schlimmes Fieber in mir ausbrach, aber ich musste für Rohan weiterkämpfen.«

Zwei Stunden nach Antritt der Reise nach Gorakhpur an einem kalten Dezembertag schlug Rohan schließlich die Augen auf. Radhika sagt: »Er war nicht in der Lage, durch Worte mit mir zu kommunizieren, weil er die Fähigkeit, zu sprechen, fast völlig verloren hatte, doch ich konnte ihm an den Augen ablesen, dass er immer noch große Angst hatte.

Er hatte früher zu viele dieser Reisen mitgemacht, um etwas anderes zu glauben, als dass wir zu einem weiteren Bordell fuhren. Und für ihn bedeutete das immer, dass er mir entrissen wurde und in den Händen grausamer Fremder landete.

Ich habe nie einen der Horte gesehen, in denen Rohan gefangen gehalten wurde, aber ich hatte schreckliche Geschichten über widrigste Lebensumstände und fürchterliche Prügel für Kinder gehört, die es wagten, nach ihrer Mutter zu rufen.

Die entzündete Zigarettenverbrennung in Rohans Mund war ein ständiges Mahnmal der grausigen Erfahrungen, die er durchgemacht hatte. Ich wusste, dass ein langer Weg vor uns lag, bis er sich davon erholen würde.«

Nach dem ersten Reisetag betrat ein Fahrkartenkontrolleur Radhikas und Rohans Waggon und verlangte, ihre Reiseunterlagen zu sehen. Nachdem er die Fahrkarten mit dem obligatorischen Stempel versehen und ein paar freundliche Worte über das Wetter mit Radhika gewechselt hatte, bot er der verzweifelten Mutter und ihrem Kind etwas zu essen an.

»Ich glaube, er spürte, dass wir sehr arm waren, und vielleicht ahnte er auch, dass wir vor einem grauenhaften Leben flohen. Wahrscheinlich hatte er so etwas auf dieser speziellen Bahnstrecke schon mehrfach erlebt. Er wirkte sehr freundlich und bot uns Brot und Wasser an.

Mein Vertrauen in die menschliche Natur war zwar längst zerbrochen, aber ich konnte es mir nicht leisten, ein Hilfsangebot abzulehnen. Rohan und ich nahmen dankbar an und aßen heißhungrig.«

Doch kaum fünf Minuten, nachdem Radhika ihren leeren Magen gefüllt hatte, musste sie sich heftig übergeben. Der dadurch erschrockene Rohan begann laut zu weinen, und Radhika stand rasch auf, um zu versuchen, das Chaos zu beseitigen. Sie fing zu bluten an – das Blut durchnässte ihre Jeans und lief auf den Boden. In ihren Ohren setzte ein lautes Summen ein. Es war das Letzte, woran sie sich erinnerte. Dunkelheit umfing sie. Ihre letzten Gedanken galten Rohan.

*

Der vertraute Geruch von Desinfektionsmitteln und das Kratzen von gestärkten Laken an ihrer Haut ließen Radhika ruckartig erwachen. Sie stieß einen gellenden Schrei aus.

Einen Moment lang glaubte sie, der Kreis ihres Lebens habe sich geschlossen, und sie wäre wieder in dem Krankenhaus in Chennai, wo sie festgestellt hatte, dass ihr eine Niere gestohlen worden war.

Dann tauchte in ihrem Bewusstsein die Erinnerung an den Fahrkartenkontrolleur auf. War sie schon wieder zu vertrauensselig gewesen? Waren das Brot oder das Wasser, die sie von ihm bekommen hatte, mit Drogen versetzt gewesen? Mühsam stemmte sie sich hoch. Wo war Rohan?

Mit zunehmender Verzweiflung versuchte sie, ein Anzeichen für die Anwesenheit ihres Sohnes zu entdecken. Eine beruhigende Hand legte sich auf ihre Schulter, und sie schaute auf. Radhika sah eine Krankenschwester, die auf sie herabblickte. Aus den Augen der Frau sprach Freundlichkeit. Sie legte eine kalte Kompresse auf Radhikas Stirn und drückte sie zurück auf das Bett.

»Bitte versuchen Sie, sich zu entspannen«, forderte sie Radhika auf. »Sie sind sehr krank, und wir kümmern uns um Sie.«

Radhika erinnert sich: »Irgendwie wusste ich instinktiv, dass ich diesmal in guten Händen war, und ich glaubte auf Anhieb, was die Krankenschwester mir erzählte.

Als ich mich umschaute, sah ich, dass Rohan von einer anderen Krankenschwester neben meinem Bett geherzt wurde, und ich sagte mir, dass uns nichts geschehen würde. Schließlich sank ich zurück auf das Kissen und schlief wieder ein.«

Später erklärte ein Arzt Radhika, dass sie eine Fehlgeburt erlitten habe, die der Grund für die Blutung gewesen war, die so plötzlich eingesetzt hatte. Erschwerend kam hinzu, dass ihr Fieber ein Symptom von Typhus war. Radhika war schwer krank und musste umgehend behandelt werden.

Radhika sagt dazu: »Ich war nicht schockiert – nur froh, noch am Leben zu sein. Es war nicht die erste Fehlgeburt, die ich erlitten hatte, seit ich in den Bordellen arbeitete. Als es das erste Mal geschah, war ich erschrocken und verzweifelt. Ich erinnere mich noch, dass ich heftige Schmerzen hatte und stark blutete, aber ich wusste nicht, was mit meinem Körper vor sich ging, bis es mir eines der anderen Mädchen erklärte. Danach fühlte ich mich wie beraubt.

Obwohl meine Schwangerschaft mit Rohan wegen des Verhaltens seines Vaters alles andere als glücklich verlaufen war, hatte ich damals so viel Liebe für das Kind in mir verspürt. Bei der ersten Fehlgeburt fragte ich mich unwillkürlich, wie das Mädchen oder der Junge ausgesehen hätte und was aus ihm hätte werden können. Allerdings bleibt nicht viel Zeit zum Nachdenken, wenn man einen Kunden nach dem anderen bedienen muss und von einem Bordell zum nächsten transportiert wird. Wie so viele Dinge, die man in seinem früheren Leben als schockierend betrachtet hätte, wurde auch das in meinem neuen, trostlosen Dasein besorgniserregend normal, und schon nach kurzer Zeit empfand ich eine Fehlgeburt als Segen. Die Kinder der Prostituierten aus Indiens Bordellen werden in einer Hölle auf Erden gefangen gehalten – wie hätte ich einem weiteren unschuldigen Leben so etwas zumuten können?«

Weiter sagt sie: »Die meisten Bordellbesitzerinnen, für die ich gearbeitet hatte, bestanden darauf, dass sich ihre Mädchen schützten, nur war die Qualität der Kondome nicht immer die beste, und manchmal platzten sie.

Ich musste immer daran denken, wie ironisch es gewesen wäre, so lange für Rohan zu kämpfen, um dann auf der Zugfahrt nach Hause zu sterben. Irgendwie fand ich die Kraft, mich für ihn ein letztes Mal zusammenzureißen. Ich konnte den Ärzten und Krankenschwestern nicht genug für das danken, was sie für uns getan hatten. Es fühlte sich an, als hätten sich die Planeten verschoben. Für jeden bösen Menschen, dem wir in den vergangenen Jahren begegnet waren, kreuzte nun eine gute Seele unseren Weg.«

Radhika blieb nur eine Nacht im Krankenhaus, bevor sie sich selbst entließ und mit einer Rikscha zurück zum Bahnhof fuhr. Sie war so orientierungslos, dass sie nicht einmal wusste, wo sie sich befand. Mit Rohan und den Medikamenten, die man ihr mitgegeben hatte, stieg sie einfach in den nächsten Zug nach Gorakhpur. Radhika kann sich bis heute nicht erinnern, wo jenes Krankenhaus lag, in dem das Personal so freundlich zu Rohan und ihr gewesen war. Damals genügte es ihr, einfach noch am Leben zu sein.

*

Nach weiteren anderthalb Tagen erreichten Mutter und Sohn gegen zwanzig Uhr endlich Gorakhpur. Als der Zug letztlich anhielt, schloss Radhika die Augen. Sie hatten es geschafft. Sie hatten es *tatsächlich* geschafft. Nun schien alles möglich zu sein.

Sie versuchte, nicht an ihre Freundinnen und daran zu denken, wo sie sein mochten. Sie musste positiv denken. Radhika träumte, dass sie, so wie Rohan und sie, ihr Ziel erreicht hatten. Sie stellte sich vor, dass die drei Mädchen irgendwo in einem schönen, sauberen und hellen Café saßen und aufgeregt ihre Zukunft planten.

Rasch wandten sich Radhikas Gedanken dem nächsten Abschnitt der Heimreise zu. Von Gorakhpur aus musste sie per Bus oder Anhalter zum Grenzübergang Sunauli. Erst dann konnten Rohan und sie endlich von Indien nach Nepal gelangen und den letzten emotionalen Weg zurück nach Kathmandu und anschließend zu ihrer Familie antreten.

Doch ihr war bewusst, dass mit ihr etwas nicht stimmte. Es ging ihr ganz und gar nicht gut. Ihr Wille war ungebrochen stark, aber ihr Körper versagte. Nur für Rohan hatte sie so lange durchgehalten, aber in Wirklichkeit fühlte sie sich alles andere als wohl. Mit jeder verstreichenden Minute spürte sie, wie ihre Lebenskraft und Energie aus ihr abfloss.

Radhika hatte so lange von diesem Moment der Freiheit geträumt. Sie wollte ihn unbedingt genießen, ihn mit Gelächter und Freudentränen feiern, aber auf physischer Ebene konnte sie fühlen, wie ihr Körper nach und nach zusammenbrach. Es schien fast so zu sein, als brülle er nach all der Zeit: »*Es reicht!*«

In der Dunkelheit war Radhika orientierungslos, und wieder überwältigte sie ein Schwindelgefühl.

Sie erinnert sich: »Mit Rohan auf dem Rücken stolperte ich buchstäblich aus dem Zug. Blass und mit unseren verdreckten Kleidern müssen wir einen entsetzlichen Anblick geboten haben. Ich atmete die eiskalte Luft der Dezembernacht ein und geriet sofort ins Wanken, als mir erneut schwindlig wurde. Etwas vor uns erblickte ich eine Bordsteinkante. Es gelang mir, dorthin zu taumeln und mich daraufzusetzen. Rohan schien glücklich darüber zu sein, die Enge des Zugs hinter sich gelassen zu haben, und begann, umherzulaufen.«

Der kleine Junge tollte umher, während Radhika den Kopf auf die Knie stützte. Nach einigen Sekunden hob sie ihn mühsam wieder, da ihr plötzlich bewusst wurde, dass sie Rohan nicht hören konnte. Sie sah sich um und stellte fest, dass jede

Spur von ihm fehlte. Mit wachsender Panik schaute sie um sich. Wo steckte er? Wo war ihr Sohn?

Radhika versuchte aufzustehen, wurde jedoch von dem Schwindel überwältigt. Sie konnte kaum atmen, hörte ihr Herz so laut schlagen, dass es alles andere übertönte. Die Welt verschwamm und löste sich in eine Reihe schwarzer Punkte auf. Sie zwang sich zur Konzentration, kehrte mit aller Willenskraft in die reale Welt zurück.

Am Ende des Bahnsteigs tauchte ein Mann auf. Er kam auf sie zu, und allmählich nahm sie wahr, dass er ihren Sohn in den Armen trug.

Als er sich näherte, bemerkte sie fast beiläufig, dass sich Rohan nicht wehrte, so sehr hatte er sich daran gewöhnt, bei Fremden zu sein. Der Mann blieb mit dem Jungen auf den Armen vor ihr stehen und begann, Radhika wegen der Vernachlässigung ihrer elterlichen Pflichten zu schelten.

Sie sagt: »Er war besorgt, dass Rohan auf die Gleise fallen könnte, und mahnte mich, besser auf ihn zu achten. Ich erklärte ihm, dass ich zu schwach sei, um aufzustehen, geschweige denn, meinem Sohn hinterherzulaufen. Da musterte er mich eingehender, und etwas in seiner Miene veränderte sich.«

Der junge Mann hieß Sushil, war Ende zwanzig, groß und gut aussehend. Er schien irgendein Beamter zu sein. Seine Uniform, seine Lederstiefel und sein gepflegtes Äußeres führten Radhika zu der Vermutung, er könne vielleicht ein Polizist sein. Doch sie kam nie dazu, ihn zu fragen. Sein Beruf spielte für Radhika keine Rolle. Mittlerweile fühlte sie sich so krank, dass sie sich dem Tod nahe wähnte. Jedenfalls war ihr keinesfalls danach zumute, Small Talk zu betreiben.

Sushil bemerkte instinktiv, dass er auf jemanden gestoßen war, der dringend Hilfe brauchte. Seine Reaktion auf das, was Radhika ihm erzählte, war außergewöhnlich. In knappen Sätzen umriss sie ihre Erlebnisse der vergangenen drei Jahre, da sie wollte, dass es um Rohans willen jemand wusste – für den Fall, dass ihr etwas zustoßen sollte.

Sie sagt: »Er hörte mir aufmerksam zu, dann schwieg er einen Moment, bevor er zu mir sagte: ›Wenn du bereit bist, ein letztes Mal jemandem zu vertrauen, bringe ich dich nach Hause.‹

Er strahlte etwas aus, das mir das Gefühl gab, ich könne ihm vertrauen, deshalb nickte ich langsam, bevor ich in Tränen ausbrach. Ich hatte gelernt, mit Grausamkeit umzugehen, aber Freundlichkeit war mir so fremd geworden, dass ich plötzlich sehr emotional wurde. Und unabhängig davon wusste ich, dass dies wahrscheinlich meine letzte Chance war, es lebendig zurück nach Hause zu schaffen.«

Ihr war durchaus bewusst, dass sie im Verlauf der Jahre etliche schlechte Entscheidungen getroffen hatte und womöglich erneut ihrer beider Leben aufs Spiel setzte. Sie atmete tief durch. Trotzdem fühlte es sich richtig an, diesem Mann zu vertrauen, diesem Fremden. Zumal es diesmal wirklich ihre eigene Entscheidung zu sein schien.

*

Sushil verlor keine Zeit. Behutsam hob er Rohan auf seine breiten Schultern, ergriff mit einer Hand Radhikas kleine Tragetasche und mit der anderen sanft ihre Finger.

Radhika, die sich zu krank fühlte, um etwas anderes zu tun, folgte dem groß gewachsenen Mann. Er ging zu einem geparkten Jeep voraus und hob sowohl Radhika als auch Rohan vorsichtig auf den Rücksitz des Fahrzeugs, bevor er sich hinter das Steuer setzte. Dann trat er mit ihnen die holprige dreistündige Fahrt zum Grenzübergang Sunauli an.

Radhika schlief ein und wachte erst auf, als Sushil das Auto an ihrem Ziel anhielt. Behutsam hob er Mutter und Sohn aus dem Wagen und führte sie zu einem wartenden Bus. Er geleitete Radhika hinein und trug Rohan. Rasch fand er für Radhika zwei Sitze, auf denen sie sich hinlegen konnte. Zu ihrer Überraschung nahm er mit Rohan ebenfalls Platz und behielt den Jungen schützend auf dem Schoß. Er blieb bei ihnen, auch, als der Busfahrer den Motor startete und losfuhr.

Radhika hatte keine Ahnung, weshalb er es tat. Immerhin waren Rohan und sie Fremde für ihn. Ihr ging durch den Kopf, dass er selbst ein Menschenhändler sein könnte, der sie zu der alten Bande zurückbrachte, doch sie war zu krank, um den Gedanken weiterzuspinnen.

Auf halbem Weg des letzten, beschwerlichen zehnstündigen Reiseabschnitts in die Heimat nach Kathmandu spürte Radhika, wie ihre Kraft allmählich zurückkehrte, und sie begann, sich etwas mehr wie sie selbst zu fühlen.

Nach einer Weile setzte sie sich auf und fing an, sich mit Sushil zu unterhalten, dem Mann einige ihrer erschreckenderen Erfahrungen näher zu schildern. Es fiel ihr überraschend leicht, mit ihm zu reden, zudem ermutigte er sie immer wieder, weiterzusprechen, als wäre er daran gewöhnt, sich das Elend anderer anzuhören. Bald ertappte sie sich dabei, dass sie ihm ihr Herz ausschüttete. Sie erzählte diesem Fremden ihre gesamte Lebensgeschichte, offenbarte ihm all ihr Leid, all die Gefahr und all ihre Hoffnungen.

»Was ich ihm schilderte, schien ihn aufrichtig traurig zu stimmen, und er schüttelte oft mit ernster Miene den Kopf. Anfangs war mir gar nicht der Gedanke gekommen, mich danach zu erkundigen, weshalb er uns half. Ich hatte kaum genug Kraft zum Sprechen gehabt. Mittlerweile jedoch ging es mir etwas besser, und ich stellte ihm die Frage, die mir auf der Zunge lag: ›Warum tust du so viel für eine Fremde?‹ Er antwortete nur, er hätte das Gefühl, keine andere Wahl zu haben.

›Was für ein Mann würde eine Mutter mit ihrem Kind so auf der Straße zurücklassen? Bestimmt niemand, der sich wahrhaft als Mann bezeichnen kann‹, fügte er hinzu.

Auch im Umgang mit Rohan erwies er sich als sehr gut. Mit einer alten Zeitung spielte er endlos Verstecken mit ihm, und Rohan begann nach und nach, auf ihn zu reagieren und sogar ein paar Laute von sich zu geben. Es war ein erstaunlicher Anblick, ihn wieder lächeln zu sehen.«

Ein solches Maß an Freundlichkeit empfand Radhika als unglaublich. Dieser Fremde war mehr wie die Männer, mit denen sie aufgewachsen war, Männer wie ihr Vater. Durch ihre Erfahrungen der letzten Jahre hatte sie fast vergessen, dass es solche Männer überhaupt gab.

Radhika schloss die Augen und dankte den Göttern dafür, dass sie über Rohan und sie wachten. Sie waren beinah zu Hause.

*

Gegen elf trafen Radhika, Rohan und Sushil schließlich am Busbahnhof von Kathmandu ein.

Radhika konnte kaum glauben, dass die Reise fast vorüber war. Tränen traten ihr in die Augen, als sie langsam aus dem klapprigen Bus ausstieg und die vertrauten Gerüche und Geräusche ihrer Heimat auf sich wirken ließ.

Knapp drei Jahre war es her, seit sie zuletzt auf nepalesischem Boden gestanden hatte, und sie bezweifelte, dass sich ihr Sohn noch an irgendetwas aus seinem Geburtsland erinnern konnte.

Sie ertappte sich dabei, dass sie jeden Geruch, jede Farbe, jedes Anzeichen von Menschlichkeit auf den betriebsamen, staubigen Straßen in sich aufnahm – und voller Freude ein Gefühl der Zugehörigkeit verspürte.

Als Radhika letztlich die Kraft fand, Rohan aus Sushils Armen zu nehmen, drückte sie ihren kleinen Sohn fest an sich.

Dankbar sah sie den Mann an, der ihr geholfen hatte, diese Reise abzuschließen, bevor sie in Rohans Ohr flüsterte: »Wir sind zu Hause, mein Schatz. Wir sind endlich ZU HAUSE.«

Heimkehr

Mit Sushil an der Seite und Rohan in den Armen fühlte sich Radhika wie eine Prinzessin, die aus dem Exil in ihre Heimat zurückkehrte – trotz allem, was sie durchgemacht hatte.

Jahrelang war sie wie ein Stück Fleisch behandelt und für ein paar tausend Rupien durch ganz Indien verkauft worden. Nun, da sie wohlbehalten zurück in Nepal war, fühlte sie sich endlich wieder wie ein Mensch.

Einen Moment lang stellte sich Radhika vor, wie es wäre, Sushil als ihren Ehemann bezeichnen zu können, und sie spürte, wie sie rot anlief. Dieser gut aussehende Fremde hatte ihr auf einem Bordstein in Indien das Leben gerettet und erfüllte nun sein Versprechen, sie nach Hause zu bringen. Das musste doch mehr als bloßer Zufall sein. Verkörperte Sushil womöglich ihre Bestimmung? Für ein Mädchen, das so viel über sich hatte ergehen lassen müssen, war das ein seltsamer Gedanke. Einen Augenblick gestattete sie sich, in dieser Fantasie zu schwelgen. Doch in Wirklichkeit beherrschte nicht Romantik Radhikas Gefühle. Sie war außer sich vor Freude, zurück im Land ihrer Geburt zu sein, wenngleich sie sich körperlich immer noch elend fühlte.

Sushil spürte ihre Erschöpfung und rief sofort ein Taxi. Nepals einzigartige Landschaft war Radhika viel zu lange vorenthalten worden. Nun ließ sie der Anblick des majestätischen Himalaja-Massivs in Tränen ausbrechen. Wie konnte ein so wunderschönes und spirituelles Land Männer und Frauen wie jene hervorbringen, die sie fast zerstört hatten? Es war eine Frage, die sich Radhika wohl nie beantworten können würde.

Als sich das heruntergekommene Lada-Taxi den Weg aus der Stadt bahnte und in die Richtung von Radhikas Heimatdorf Kavresthali fuhr, kam es durch Balaju am Bishnumati. Dort war Radhika vor sechs Jahren arglos in die schreckliche Welt des Menschenhandels gesogen worden.

Als sie die jungen Mädchen passierten, die Gemüse verkauften, wie sie selbst es einst getan hatte, lief ihr bei der Erinnerung an jene Zeit ein Schauder über den Rücken. Sie selbst war damals so unschuldig gewesen und hatte Sanjay Lama sowohl seine geheuchelte Freundschaft geglaubt, als auch sein lukratives Arbeitsangebot arglos angenommen. Wie hätte sie wissen sollen, was ihr widerfahren würde?

In Anbetracht ihrer Erfahrungen mit den Pariyars, ihrem Ehemann und den Männern in den Bordellen war es kein Wunder, dass sie so misstrauisch gegenüber dem männlichen Geschlecht geworden war. Bislang hatte allein Jigmi eine Ausnahme verkörpert. Und dann war in der Stunde ihrer größter Not ein Samariter namens Sushil aufgetaucht, um ihr zu helfen. Radhika war überzeugt davon, dass die Götter ihr eine Botschaft zu vermitteln versuchten – vielleicht wollten sie Radhikas Glauben an die Welt wiederherstellen.

Radhika erinnert sich: »Die Heimreise war lang gewesen, doch ich fühlte mich glücklich, wieder im Land meiner Geburt zu sein. Immer wieder schaute ich zu Rohan. Als wir zum ersten Mal nach Indien verkauft wurden, war er gerade ein Jahr alt gewesen. Er konnte keine Erinnerung an Nepal besitzen.

Zwar sprach er nach wie vor nicht, aber ich konnte beobachten, wie er durch die Fensterscheiben des Taxis aufmerksam die knallbunten *Kurtas* und die atemberaubende Landschaft betrachtete.

Es schien unglaublich zu sein, dass ich Nepal einst als selbstverständlich empfunden hatte. Die Reise aus Mumbai hatte fünf Tage gedauert, doch das Unbehagen, das Rohan und ich ertragen hatten, war das Ergebnis wert gewesen. Immerhin hatte uns jede Meile weiter weg von Indiens Bordellen und näher zu diesem Paradies gebracht.«

Mittlerweile betrachtete Radhika ihr Heimatland sowohl mit den Augen einer Einheimischen als auch einer Touristin und ließ die beeindruckende Schönheit Nepals aus neuer Perspektive auf sich wirken. Das zerklüftete, von acht der zehn höchsten Berge der Welt umgebene Terrain des Landes wartet sowohl mit üppigem Tropenflair als auch mit arktischer Tundra auf. Von den terrassenartigen Tälern bis hin zu den bewaldeten Hügeln, von den frostigen Gipfeln bis hin zu den hoch gelegenen Gebirgswüsten – Radhika wollte jeden Aspekt des Landes genießen, aus dem sie so grausam entführt worden war.

Aus dem Augenwinkel erblickte sie einen wunderschönen blauen Fasan und beobachtete, wie dieser nach Futter suchte, bevor er die Flügel ausbreitete, sich in die Lüfte erhob und in der Ferne entschwand. Radhika konnte sich nicht erinnern, so einen Vogel schon einmal in Kathmandu gesehen zu haben. Vielleicht sollte es ein Zeichen sein, dass sie wirklich endlich frei war.

»Sushil selbst sprach sehr wenig. Er beobachtete nur unsere Gesichter und lächelte. Es schien ihn zu freuen, ein Bestandteil unserer Heimkehr zu sein, und er meinte zu mir, ich solle mich wegen nichts schämen, was mir widerfahren war, ganz gleich, was meine Familie oder die Dorfbewohner vielleicht sagen würden. Ich hatte keine Ahnung, was für einen Empfang man uns bereiten würde, doch ich spürte, dass Sushil mich auf das Schlimmste vorbereiten wollte.

Eigentlich spielte es keine Rolle. Ich fühlte mich immer noch krank und konzentrierte mich nur darauf, es lebend nach Hause zu schaffen. Selbst wenn sich meine Gesundheit nicht wiederherstellen ließe, würde zumindest Rohan bei Menschen sein, die ihn lieben und versorgen würden.«

In den Außenbezirken brachte das zunehmend raue Gelände den ungeduldigen Taxifahrer mittleren Alters zum Fluchen. Nach einem Schwall von Kraftausdrücken, die Radhika teilweise noch nie zuvor auf Nepalesisch gehört hatte und die sich allesamt gegen seine Radaufhängung richteten, lenkte der Mann das Fahrzeug an den Rand der unasphaltierten Straße und brachte es zum Stehen. Sushil und Radhika warteten ab, was als Nächstes geschehen würde. Nach einigen Momenten fluchte der Fahrer erneut, bevor er von ihnen verlangte, ihn zu bezahlen und aus dem Auto zu steigen.

Radhika, Rohan und Sushil hatten keine andere Wahl, als sich zu fügen. Langsam stiegen sie aus und stellten fest, dass sie sich am majestätischen Eingang zum Swayambhunath befanden.

Diese uralte religiöse Stätte thront auf einem Hügel westlich von Nepals Hauptstadt im Kathmandu-Tal. Wegen der zahlreichen Makaken, die sich in den schattigen Winkeln des Komplexes herumtreiben, wird der Ort auch als Affentempel bezeichnet. Er gilt als heiligste aller buddhistischen Pilgerstätten, wird jedoch auch von Hindus verehrt und besteht aus Stupas sowie verschiedenen kunstvoll bemalten Schreinen und Tempeln.

Der berauschende Duft von Weihrauch weht durch die Tempelanlage und bildet den Hintergrund für den Aufstieg zum Gipfel des Hügels, wo Pilger die Essenz einer der faszinierendsten Religionen der Welt spüren können.

Zwischen den uralten religiösen Reliquien hocken Mönche mit ernsten Mienen in roten und orangen Gewändern. Einige schlafen vor den Tempeln inmitten des Meeres von Souvenirständen, die glänzende Pfauenfedern und Miniaturnachbildungen der Stupas verkaufen. Ungeachtet all dessen herrscht an diesem Ort Stille, die nur vom fernen, aber hypnotisierenden Surren der Gebetsmühlen durchbrochen wird, die Tausende Male pro Tag gedreht werden. Die wunderschön geprägten Metallzylinder sind auf einer Griffstange montiert und enthalten eine eng aufgewickelte, mit einem Mantra bedruckte Schriftrolle. Laut den tibetischen Buddhisten ist das Drehen einer Gebetsmühle genauso wirksam wie das laute Aufsagen der heiligen Texte.

Radhika beobachtete fasziniert, wie fromme buddhistische und hinduistische Pilger dem Tempel ihre Ehrerbietung erwiesen. Männer und Frauen mit versonnenen Mienen begannen, die 365 Stufen zu erklimmen, vorbei am vergoldeten *Vajra* (einer kurzen Metallwaffe, die spirituelle Kraft symbolisiert) und den beiden Löwen, die den Eingang bewachen.

Radhika erinnerte sich aus der Schulzeit an die Geschichte der Tempelanlage. Voll Freude schilderte sie diese Sushil.

»Angeblich war das Kathmandu-Tal früher von einem riesigen See gefüllt, aus dem ein wunderschöner Lotos wuchs. Das Tal erhielt den Namen Swayambhu, was ›selbst erschaffen‹ bedeutet. Ich empfand Stolz dabei, Sushil von meinem Erbe zu erzählen. So konnte er wenigstens erkennen, dass ich nicht bloß eine naive Bauerntochter war, die sich in indische Bordelle hatte verkaufen lassen. Und es erschien mir mehr als ein Zufall zu sein, dass uns der Fahrer ausgerechnet in der Nähe der Tempelanlage abgesetzt hatte. So hatte ich unmittelbar vor mir ein weiteres Mahnmal dafür, dass ich mein Vertrauen in die Welt erneuern konnte«, sagt Radhika.

Sie setzten den Weg zu Fuß fort, und die geschwächte Radhika musste alle Kraft zusammennehmen, um die letzten fünf Kilometer in die Freiheit zu bewältigen. Sushil hängte seinen Arm bei ihr ein, lieh ihr seine Kraft und trug Rohan auf dem Rücken, während sie die schmalen, gewundenen Straßen zu Radhikas Heimatdorf entlangwanderten.

Das Terrain war uneben und in ihrem erschöpften Zustand schwierig zu bewältigen, doch es stärkte sie, dass sich die Landschaft veränderte und zunehmend vertrauter wurde. Die üppig grünen Hänge der Ausläufer des Himalaja-Massivs und die weitläufigen braunen Felder stellten das Umfeld ihrer Kindheit dar. Vertraute Blumen in allen Regenbogenfarben wuchsen ringsum und gestalteten die Aussicht unbeschreiblich schön. Die Laute der Kühe und Ziegen, die einander zumuhten und blökten, waren die einzigen Geräusche in der Stille. An all das hatte sich Radhika in den höllischsten Nächten in den Bordellen erinnert. Wenn es ihr gelang, sich geistig in diese erstaunliche Landschaft zu transportieren, wurde alles ein klein wenig erträglicher.

Dann befand es sich plötzlich vor ihr – das Heim ihrer Familie. Sie musste mehrmals blinzeln, so sehr fürchtete sie, es könnte nur ein Traum sein, und sie würde gleich mit Rohan in dem Bordell in Mumbai aufwachen.

»Sushil drückte meinen Arm und forderte mich auf, weiterzugehen, so gut ich konnte.«

Der junge Mann kümmerte sich um sie, gab ihr die Kraft, sich ihrer Familie zu stellen, obwohl sie nicht sicher war, was sie erwartete oder wie man sie empfangen würde.

Radhika holte tief Luft und ging voraus in Richtung ihrer Eltern, die dastanden und beobachteten, wie sich die kleine Gruppe den Weg auf sie zubahnte.

*

Maiya und Ramprasad befanden sich vor ihrer kleinen Lehmhütte und jäteten das Spinatbeet, als sie Stimmen hörten, die Besucher ankündigten. Sie beobachteten, wie ein junges Mädchen, ein Mann und ein kleiner Junge den Hügel herauf auf sie zukamen. Da die Sonne hinter den Neuankömmlingen stand, konnten Maiya und Ramprasad nicht erkennen, um wen es sich handelte, doch an der Art, wie sich das Mädchen bewegte, war etwas Vertrautes, bei dessen Anblick sich Maiyas Brust wie zugeschnürt anfühlte.

Als sich Radhika näherte, konnte sie die Gesichter ihrer Eltern besser erkennen. Sie hatten sich kaum verändert, fand sie. Vielleicht da und dort ein paar Falten mehr aufgrund der täglichen Arbeit in der Sonne, doch im Wesentlichen sahen sie genauso aus wie damals, als Radhika mit erst vierzehn Jahren von zu Hause wegging. Die Jahre hatten es gut mit ihnen gemeint. Sie hatten dasselbe herzliche Lächeln aufgesetzt, mit dem sie die Menschen immer begrüßten. Radhika nahm den Moment wahr, als ihre Mutter sie erkannte.

»Meine Mutter starrte mich an, als habe sie einen Geist gesehen. Einige Sekunden lang standen wir alle einfach da, bevor sie mit ausgestreckten Armen losrannte.

Ich war immer noch sehr krank, und wir waren schmutzig. Ich musste fürchterlich ausgesehen haben, trotzdem spürte ich sofort, dass die Liebe zwischen uns ungebrochen vorhanden war. Natürlich wurde ich mit Fragen überschüttet, aber ich schämte mich zu sehr, um meinen Eltern die Wahrheit zu sagen, deshalb log ich und behauptete, ich hätte in einer Teppichfabrik in Indien gearbeitet.

Ich wollte ihnen unsere wahre Tortur zwar offenbaren, doch ich hatte nicht den Mut dazu, und ich wusste, dass sie es ohnehin nicht verstehen würden. Sie nahmen an, Sushil sei mein Freund, und wir hätten eine Affäre, aber das stellte ich richtig, indem ich erklärte, dass er mich sterbenskrank am Bahnhof angetroffen und mir angeboten hatte, mich nach Hause zu begleiten. Es klang unglaublich, als ich es aussprach, aber es stimmte natürlich.«

Radhikas überglückliche Eltern setzten dazu an, ihre geliebte Tochter ins Haus zu führen – doch ein weiteres Familienmitglied versperrte ihr den Weg. Radhikas geliebte Großmutter, Hari Prem, konnte der jungen Frau kaum in die Augen sehen.

Radhika erklärt: »Sie verkörperte das unangefochtene Oberhaupt der Dorfgemeinschaft. Sie sagte zu mir, dass sie bereit sei, meine lange Abwesenheit ohne jeglichen Kontakt zu verzeihen, nicht jedoch, dass ich jemanden aus einer niedrigeren Kaste geheiratet hatte.

Ihr Wort war endgültig. Rohan und mir wurde der Eintritt ins Haus verweigert, und wir würden auf dem Zementsockel davor schlafen müssen, nur mit einer Wolldecke, um uns zu wärmen. Meine Großmutter fürchtete, alles andere würde der Familie Unglück bescheren. Wenn sie nur gewusst hätte, wie viel Unglück mir bereits widerfahren war.«

Nach allem, was Radhika und Rohan durchgemacht hatten, würde ein Außenstehender wohl meinen, ihre Familie würde sich hinter sie stellen. Sushil jedenfalls zeigte sich schockiert von dem Empfang, aber in der traditionellen nepalesischen Gesellschaft gelten kastenübergreifende Ehen als verpönt, auch wenn es sich um Zwangsvermählungen handelt. Radhika musste sich den Reaktionen von Leuten stellen, die aufrichtig glaubten, dass sie durch eine solche Ehe nicht nur Schande über ihre Familie gebracht, sondern sie sogar befleckt hätte.

In Nepal und Indien ist das Kastensystem nach wie vor derart tief verwurzelt, dass es vermutlich noch eine oder zwei Generationen dauern wird, bis Frauen wie Radhika frei vom Stigma einer Eheschließung außerhalb ihrer speziellen Kaste sind. In Nepal ist es für viele Menschen sogar tabu, nur über kasten- oder religionsübergreifende Ehen zu reden, und in Dörfern werden Töchter als Strafe für das Eingehen einer Ehe mit einem Partner einer anderen Kaste im besten Fall geächtet, im schlimmsten Fall zusammen mit anderen Familienangehörigen ermordet oder brutal gefoltert.

2009 kündigte die nepalesische Regierung an, dass Paare aus verschiedenen Kasten, die eine Ehe eingingen, 100 000 NPR (rund 1 000 Euro) erhalten würden. Die Aktion zielte darauf ab, die immer noch existierende Diskriminierung der *Dalits* des Landes zu beenden (der Kaste der sogenannten »Unberührbaren«). Radhikas Erfahrungen beweisen, dass dieses Problem nicht so einfach zu lösen ist. »Wer will schon reich sein, wenn er dafür von seiner Familie abgeschnitten ist? Das Geld hält nicht ewig vor, und dann hat man gar nichts mehr.«

Es mag seltsam erscheinen, aber Radhika verstand Hari Prems Reaktion auf ihre Ehe. »Ich war enttäuscht, aber keineswegs schockiert vom Verhalten meiner Großmutter. Später erzählten mir meine Eltern, dass die Dorfbewohner irgendwie von meiner Ehe erfahren hatten und nicht einmal mehr dieselbe Wasserversorgung nutzen wollten, wenn ich das Haus betreten hätte. Einige meinten sogar, man solle mich töten.

Mir war wirklich egal, was sie über mich sagten ... aber ich war wegen Rohan besorgt. Er war von so vielen Fremden so schlecht behandelt worden – was würde er fühlen, wenn er merkte, dass er von seinem eigenen Fleisch und Blut ebenfalls verabscheut wurde?«

Hari Prem erklärt: »Hier oben in diesen Dörfern brauchen wir einander für alles. Ich konnte Radhika nicht akzeptieren, weil ich fürchtete, dass sich sonst das gesamte Dorf gegen uns wenden würde. Ich habe immer große Liebe für Radhika gehegt und auch Rohan ins Herz geschlossen, trotzdem habe ich Angst davor, gegen Traditionen zu verstoßen. Wohin sollten wir gehen, wenn wir gezwungen werden, unser Dorf zu verlassen?«

Sushil wollte einschreiten, doch Radhika bat ihn, sich nicht einzumischen. Erstaunlicherweise hieß Hari Prem Sushil im Familienheim willkommen und erlaubte ihm, zwei Nächte lang seine Erschöpfung auszuschlafen. Sie lud ihn sogar ein, noch länger zu bleiben, aber er beharrte, dass es für ihn an der Zeit sei, zu seinen Pflichten in Indien zurückzukehren.

Sushil brach eines Morgens auf, nachdem er warme Milch von der Familienkuh der Phuyals getrunken hatte. Zuerst ging er zu Rohan, hob ihn hoch, drückte ihn fest und flüsterte: »Viel Glück, Kleiner. Pass gut auf deine Mutter auf.«

Dann wandte er sich Radhika zu und ergriff ihre Hände. Als sie ihm instinktiv für alles dankte, was er für Rohan und sie getan hatte, unterbrach er sie und erklärte: »Ich habe dir von Anfang an gesagt, dass ich keinen Dank brauche. Was ich getan habe, habe ich für dich getan, weil ich es wollte und weil ich es als Privileg betrachtet habe, dir zu helfen. Du bist eine wahre Überlebenskünstlerin, und ich wünsche dir alles Glück der Welt. Aber versprich mir … vertrau nie, nie wieder einem Fremden. Versuch von jetzt an, deine eigene Herrin über dein Schicksal zu sein.«

Damit drehte er sich um und ging den Hügelpfad hinab, den zu erklimmen er Radhika vor wenigen Tagen geholfen hatte. Auf halbem Weg blieb er kurz stehen, drehte sich zurück und winkte dem Jungen und seiner Mutter zu. Dann verschwand er so unverhofft außer Sicht, wie er aufgetaucht war. Sushil, ihr Retter.

*

Als Sushil ging, fühlte sich Radhika zu krank, um etwas anderes als Erleichterung darüber zu empfinden, dass sie mit Rohan endlich zu Hause war. Ihr war bewusst, dass Sushil etwas wirklich Außergewöhnliches getan hatte. Er verkörperte den Grund dafür, dass sie sich nun im Schoße ihrer Familie befand. Als er ging, fühlte sie sich von ihm keineswegs verlassen, sie verspürte lediglich Traurigkeit, weil sie ihn vermutlich nie wiedersehen würde. Er hatte ihr einen Dienst erwiesen, den sie ihm nie würde vergelten können.

Jahrelang hatte Radhika davon geträumt, nach Hause zurückzukehren. Lange Zeit war es nicht mehr als das gewesen – ein Traum –, doch Sushil hatte dabei geholfen, ihn Wirklichkeit werden zu lassen. Durch seine extreme Freundlichkeit, die der von Jigmi, Reeta, Laxmi und Riya entsprach, erhielten Radhika und Rohan die Chance auf ein neues Leben.

Sie hatte eine Million Fragen an ihre Familie und eine Million Dinge zu erzählen. Radhika wollte alle nacheinander umarmen, ihre Gegenwart genießen, ihre Züge mustern, um zu sehen, wie sehr sie sich verändert hatten, doch es fiel ihr schwer, sich auf irgendetwas zu konzentrieren. Ihr Gesundheitszustand verschlechterte sich wieder. Es war ihr noch nicht gelungen, die Symptome von Typhus gänzlich loszuwerden, und durch ihre letzte Fehlgeburt traten wieder starke Blutungen auf. Dass sie draußen schlafen musste, verstärkte die Beschwerden, und ihre Körpertemperatur schwankte erheblich.

Zum Glück tauchte rechtzeitig eine weitere Retterin auf. Schon bald erreichte die Nachricht von Radhikas Rückkehr ihre Schwester Parvati in Kathmandu. Diese verlor keine Zeit und stieg in ein Taxi nach Kavresthali.

Als sie eintraf, schockierte sie das, was sie vorfand, zutiefst. Wenn sie an den Moment zurückdenkt, als sie ihre Schwester nach all der Zeit erblickte, treten ihr noch heute Tränen in die Augen.

»Ich hatte immer geglaubt, Radhikas Ehemann sei nach Rohans Geburt zurückgekehrt und hätte seine Frau und sein Kind in einen anderen Teil von Nepal gebracht, um dort ein besseres Leben zu führen. Na ja, vermutlich *wollte* ich das glauben. Die meisten Alternativen waren zu schmerzlich, um darüber nachzudenken. Ich hatte gehofft, Radhika sei glücklich, und war sicher, sie würde sich melden, wenn sie bereit dazu war. Jedenfalls war ich nicht auf den Anblick vorbereitet, der mich erwartete.

Radhika schien dem Tod nahe zu sein und blutete stark – so stark, dass es aussah, als habe sie einen Verkehrsunfall gehabt. Und Rohan war eindeutig schwer traumatisiert. Er konnte nicht sprechen, vermutlich aufgrund einer unerklärlichen Verletzung auf der Zunge, und er schien nur Hindi zu verstehen, kein Nepalesisch.

Radhika behauptete immer noch, sie habe in einer Teppichfabrik gearbeitet, aber ich spürte, dass sie wesentlich

Schlimmeres durchgemacht hatte, deshalb überredete ich sie, mit mir nach Kathmandu zu kommen, um sich in meinem Heim zu erholen. Ich wusste, dass mein Mann alles andere als erfreut darüber sein würde, doch warum sollte unser eigenes Fleisch und Blut gezwungen sein, im Freien in der Kälte zu schlafen? Ich hatte Angst, Radhika könnte sterben.«

*

In Parvatis Heim gestand Radhika ihrer älteren Schwester schließlich ihre grauenhaften Erfahrungen. Monatelang hatte sie sich mit der Frage gequält, wie sie ihrer Familie die wahre, elende Geschichte dessen erzählen sollte, was ihr widerfahren war, seit sie Nepal zum ersten Mal verlassen hatte.

Immer wieder hatte sie sich gefragt, ob es nicht besser wäre, ihnen den Schmerz des Wissens, was mit Rohan und ihr geschehen war, zu ersparen; ob es nicht besser wäre, Stillschweigen zu bewahren und so zu tun, als wäre sie seriösen Arbeiten nachgegangen. Letzten Endes jedoch konnte sie die Bürde, alles für sich zu behalten, einfach nicht mehr ertragen. Sie wusste, dass ein Risiko damit verbunden war, Parvati die brutalen Fakten anzuvertrauen. Ihre Schwester konnte ihr zum Vorwurf machen, dass sie naiv und dumm gewesen sei, dass sie Schande über den Namen Phuyal gebracht habe. Aber letztlich spürte Radhika, dass die Wahrheit ans Licht kommen musste, und Parvati hatte sich bei ihren letzten Begegnungen nicht nur als gute Schwester, sondern auch als Freundin erwiesen.

Radhika erinnert sich: »Eines Abends, als ihr Ehemann bei der Arbeit in seiner Taschenfabrik war, brach ich zusammen und erzählte ihr alles. Sie meinte zu mir, ich solle mich nicht fürchten, denn sie würde mich unterstützen und mir beistehen. Und sie hat Wort gehalten.«

Sie beschlossen, gemeinsam zur Polizei zu geben. Bestimmt würde es möglich sein, etwas zu unternehmen, um zu verhindern, dass anderen Mädchen dasselbe widerfuhr. Radhika hatte das starke Gefühl, dass sie über ihre Erfahrungen sprechen musste, ganz gleich, wie schmerzhaft es für sie sein würde. Sie empfand es als ihre Pflicht, nicht nur Laxmi, Reeta und Riya gegenüber, sondern auch gegenüber sich selbst und Rohan.

Aber als Parvati und Radhika schließlich das Polizeirevier in Kathmandu aufsuchten, waren sie entsetzt darüber, welcher Empfang ihnen bereitet wurde. Nachdem Radhika stockend und mit viel Zuspruch von Parvati, die danebensaß und ihre Hand hielt, ihre Geschichte erzählt hatte, beobachtete sie die müde wirkenden Beamten, die ihnen gegenüber auf der anderen Seite des Schreibtischs lümmelten. Ihre Haltung war alles andere als ermutigend – sie schienen bestenfalls gelangweilt zu sein. Als Radhika begann, ihre fürchterliche Geschichte zu erzählen, hatten sie einander einen Blick zugeworfen.

Einer von ihnen grinste, bevor er einen Kommentar zu ihrer Tortur abgab. »Wirklich? Das muss ja entsetzlich für dich und die unzähligen anderen Frauen gewesen sein, die hierherkommen und dasselbe behaupten. Was erwartest du denn, dass mit dir passieren wird, wenn du einfach so mit einem Fremden mitgehst? Dummes Weib!«

Völlig perplex starrten Parvati und Radhika den Mann an. Aus seinem Mund klang es so, als sie es *ihre* Schuld, dass sie verkauft worden war. Er vermittelte ihr das Gefühl, als sei völlig belanglos, was sie geschildert hatte, und als verschwende sie nur seine Zeit. Womit Radhika auch gerechnet haben mochte, mit einer solchen Reaktion bestimmt nicht.

Die beiden Frauen verließen das Revier völlig desillusioniert. Wenn die Polizei nicht bereit war, etwas gegen diese grauenhaften Praktiken zu unternehmen, wie sollten sie dann je enden? Schließlich kam Parvati der Gedanke, zu Krishna »Purne« Pariyars Haus zu gehen.

Radhika wusste ungefähr, wo er wohnte, und nach einigen Erkundigungen fanden sie heraus, wo genau sich sein Haus befand. Sie war nicht sicher, was sie tun würde, wenn Parvati und sie dort einträfen, vor dem Tor stünden und das Gebäude betrachteten, das Pariyar höchstwahrscheinlich mit seinen Einnahmen als Menschenhändler gekauft hatte.

Letztlich spornte Parvati sie an – die Gegenwart ihrer Schwester gab Radhika die notwendige Kraft, um an die Tür zu klopfen.

Eine Frau öffnete und musterte sie argwöhnisch. Dann teilte sie ihnen mit, dass ihr Ehemann nicht zu Hause sei. Für Radhika vermittelte sie den Eindruck, eine anständige, religiöse, vielleicht sogar etwas frömmlerische Frau zu sein, und genau darauf zielte Parvati schließlich ab. Sie meinte zu der Frau, wenn sie von den Verbrechen ihres Ehemanns wisse und nichts dagegen unternähme, würde ihr das ein fürchterliches Karma bescheren. In ihren nächsten Leben, so fügte Parvati hinzu, würde sie dafür bestraft werden, dass sie es verabsäumt habe, das Richtige zu tun.

Nach einer Weile gab die Frau tatsächlich nach. Parvati und Radhika begleiteten sie zum Polizeirevier und ermutigten sie, die Verbrechen, die ihr Mann als Menschenhändler beging, zu melden.

»Aber es war trotzdem niemand bereit, uns zu helfen«, sagt Radhika verbittert.

Als sie das Revier jedoch zum zweiten und letzten Mal verließen, hatte Radhika erneut den Eindruck, dass die Götter eingriffen, um Rohan und ihr beizustehen.

»Ein Mann kam herein, um einen Verkehrsunfall zu melden«, erinnert sich Radhika. »Er sah, wie zerknirscht wir waren, und erkundigte sich, ob er uns helfen könne. Wir schilderten ihm in knappen Worten, dass ich ein Opfer des Menschenhandels geworden war, und er riet uns, unverzüglich eine Zuflucht namens ›Maiti Nepal‹ aufzusuchen. Er gab uns die Adresse und wünschte uns viel Glück.

Mittlerweile hatte ich alles verloren – meine Freunde, meine Familie und meine Unschuld. Aber ich hatte immer noch ein Kind, um das ich mich kümmern musste. Mir blieb keine andere Wahl, als mich ein letztes Mal ins Ungewisse zu stürzen.

Wir verließen das Polizeirevier, riefen uns ein Taxi und gaben dem Fahrer den Zettel mit der Adresse von Maiti Nepal.

›Nicht nötig‹, meinte er höflich und wies den Zettel zurück. Er wusste, wo sich die Zuflucht befand. ›Der Ort wird immer bekannter‹, fügte er hinzu.«

Auf der Rückbank des Taxis, wo sie mit Parvati und Rohan saß, wappnete sich Radhika geistig für eine weitere Enttäuschung und seelische Schmerzen. Was, wenn man ihnen wieder die Hilfe verweigerte? Konnte sie das ertragen? Immerhin schien das ihre letzte Chance zu sein.

Eine unerwartete Zuflucht

Die großen Eisentore von Maiti Nepal schwangen auf, und eine Frau von zierlicher Statur, aber spürbarer Präsenz, begrüßte Radhika herzlich. Mit ausgestreckten Armen winkte sie Radhika und Rohan zu sich und zog beide in eine feste, aber freundliche und herzliche Umarmung.

»Willkommen. Mein Name ist Anuradha Koirala, und Maiti Nepal wird euer Zuhause sein, so lange ihr wollt.«

Das Auftreten der Frau wirkte auf Anhieb beruhigend. Nach dem Empfang, den man Radhika auf dem Polizeirevier bereitet hatte, war sie nervös bei der Vorstellung gewesen, die Zuflucht mitten in Kathmandu aufzusuchen. Trotz ihrer Schwester an der Seite, die ihr die Hand hielt, verspürte sie tiefe Angst. Sie hatte viel Vertrauen in die Menschheit an sich verloren, und angesichts allem, was sie durchgemacht hatte, rang ihr dieser Schritt viel Mut ab. Doch sie sah keine andere Möglichkeit, als die ihr angebotene Wohltätigkeit anzunehmen. Sie konnte nicht bei ihrer Familie wohnen, und ihr war bewusst, dass Rohan Stabilität und eine anständige Unterkunft brauchte.

Was Radhika nicht wusste, war, dass Parvati bereits kurz bei der Zuflucht angerufen und das Personal über das Elend ihrer Schwester informiert hatte. Maiti Nepals Hilfsprogramm zeigte umgehend Wirkung. Zum ersten Mal seit Jahren verspürte Radhika das Gefühl, sie könne sich gefahrlos entspannen. Obwohl sie diese Frau nie zuvor gesehen hatte, strahlte sie etwas zutiefst Vertrauenswürdiges aus. Und irgendjemandes Obhut musste sie sich und Rohan anvertrauen. Nach all dem Leid, ihrer Zurückweisung und ihrem Erlebnis auf dem Polizeirevier brauchte sie jemanden, der freundlich zu Rohan und ihr war.

Und nun hatten dank einer zufälligen Begegnung die Götter, Fortuna oder wem man es auch zuschreiben mochte, Radhika und Rohan zu einer wahren Zuflucht geführt. Sie waren tatsächlich an einen sicheren Ort gelangt, der von einer der führenden Menschenrechtsaktivistinnen Südasiens geleitet wird.

Anuradha spürte Radhikas Unruhe, legte ihr tröstend einen Arm um die Schultern und forderte sie auf, sich ins Gästebuch einzutragen.

Als Radhika *24. April 2008* und *Radhika Phuyal* auf die Seite schrieb, beschlich sie allmählich das Gefühl, als könne sie endlich die Verbitterung, das Leid und Unglück hinter sich lassen. Sie hielt die kleine Hand ihres vierjährigen Sohnes, während sie in die gütigen braunen Augen der Frau blickte, die sie erneut umarmte.

Radhika schloss die Lider und konnte endlich glauben, dass Rohan und sie tatsächlich ein Zuhause gefunden hatten.

*

Die zierliche Dame, von der Radhika und Rohan am Tor der Zuflucht so herzlich in Empfang genommen worden waren, war Anuradha Koirala, die Gründerin und Leiterin von Maiti Nepal.

Die ehemalige Englischlehrerin rief Maiti – was auf Nepalesisch »Heim der Mutter« bedeutet – im Jahr 1993 ins Leben. Anuradhas eigene Erfahrungen aus einer Beziehung voll Misshandlungen hatten sie zu diesem bahnbrechenden Unterfangen bewogen. Den Großteil ihrer jungen Erwachsenenjahre unterrichtete sie in nepalesischen Grundschulen Englisch, doch als Gewalt in ihrer Ehe Einzug hielt, änderten sich ihr Lebensinhalt und ihre Lebensaufgaben völlig. Nach dem Ende jener Beziehung verwendete Anuradha einen Teil ihres Monatsgehalts von umgerechnet rund 110 Euro, um einen kleinen Laden zu eröffnen, in dem sie heimatvertriebene Opfer des Menschenhandels und häuslicher Gewalt beschäftigte und unterstützte. Gleichzeitig zog sie ihren Sohn Manish, mittlerweile neunundzwanzig Jahre, alleine groß.

Anfang der 1990er-Jahre zwangen der wachsende Bedarf an Hilfe und hartnäckige Fälle von Gewalt gegen Frauen Anuradha dazu, noch mehr zu tun. Maiti Nepal war ihre Idee, um Opfern des Sexhandels ein Sprachrohr, rechtliche Vertretung und Wiedereingliederung in die Gesellschaft zu bieten. Inzwischen verfügt die wohltätige Organisation über Niederlassungen in ganz Nepal und Indien, ein Großteil der Rehabilitationsarbeit jedoch erfolgt nach wie vor am Hauptsitz in Kathmandu.

Anuradha sagt: »Wenn eine junge Frau zum ersten Mal zu Maiti Nepal kommt, lassen wir sie einfach hierbleiben, solange es nötig ist. Wir lassen sie spielen, tanzen, spazieren gehen, mit Freundinnen reden. So wie Radhika sind viele Mädchen anfangs verängstigt, aber letztlich öffnen sie sich und reden mit uns.«

Die Gruppe nimmt auch Überlebende von Vergewaltigungen und häuslicher Gewalt sowie ausgesetzte Kinder auf.

Jahrelang wurde Anuradha von der nepalesischen Gesellschaft gemieden, da man ihre Aktivitäten mit Skepsis betrachtete und fand, sie besudle ihren Ruf, indem sie sich mit »unreinen« Menschen abgab. Aber sie ließ sich davon nicht beirren. Die kämpferische Mittsechzigerin hat mittlerweile durch ihr Projekt unzählige Leben verändert. »Jeder kommt zu Maiti Nepal.«

Heute gilt sie gemeinhin als renommierte Aktivistin, die ihr Leben dem Kampf gegen die sexuelle Ausbeutung von Frauen und Kindern gewidmet hat. Die Unterbringung der zahlreichen Frauen, die Hilfe benötigen, erfordert einen großen Personalstand an Lehrern, Rechtsberatern und medizinischen Betreuern – und Dutzende Stockbetten. Viele der Mitarbeiterinnen sind selbst Überlebende des Menschen- und Sexhandels, die sich nun dafür engagieren, bei der Rehabilitation anderer Mädchen zu helfen. Die Arbeit wird mit Zuschüssen und Spenden aus aller Welt finanziert. Die Betreuung nach einer Rettung ist umfangreich. Maiti Nepal bietet medizinische Versorgung, psychologische Behandlung sowie Rechtsberatung, formelle Klagen und strafrechtliche Verfolgung – alles kostenlos.

Die Organisation beherbergt dreiundachtzig Frauen und zweihundertzweiundfünfzig Kinder, darunter Waisen des nepalesischen Bürgerkriegs (des Konflikts zwischen Regierungsstreitkräften und maoistischen Rebellen, der von 1996 bis 2006 dauerte). Vierundzwanzig der Kinder sind HIV-positiv und wurden von ihren Müttern angesteckt, die in Bordelle verkauft wurden.

Als Radhika in der Zuflucht eintraf, spürte sie – wie die vielen anderen Mädchen und Kinder vor ihr – sofort, dass sie sich in der Gegenwart einer großen Persönlichkeit befand, einer Persönlichkeit, die ihr helfen konnte, ihrem Leben eine Wende zu geben.

Sie sagt: »Anuradha war zugleich einfühlsam und bestimmt. Sie schien genau zu wissen, was zu tun war. Ich dachte, man würde uns gleich zu unserem Zimmer bringen, aber sie wollte das Wichtigste zuerst erledigen. Sie führte uns in die Rechtsabteilung von Maiti Nepal und ersuchte mich, eine Aussage über meine Erfahrungen abzugeben.

Ich war sehr nervös und verängstigt, doch ich vertraute instinktiv darauf, dass sie das Richtige tun würde. Ich schilderte die Ereignisse der vergangenen sieben Jahre, so gut ich konnte, und es erwies sich tatsächlich als befreiend, sich daran zu erinnern.«

Anuradha hatte im Verlauf der Jahre etliche Geschichten über den Menschenhandel gehört, aber jene Radhikas empfand sie als besonders ergreifend.

»Anfangs fürchtete ich, Radhika könnte ein hoffnungsloser Fall sein. Sie selbst war gebrochen, Rohan völlig verwirrt. Er wollte mit niemandem sprechen und versteckte sich ständig. Ich wusste, dass eine Menge Arbeit vor uns lag«, erinnert sie sich.

Radhika selbst ist überzeugt davon, dass ihr Heilungsprozess in dem Moment begann, als man ihr und Rohan ihr Zimmer bei Maiti Nepal zeigte.

»Nachdem ich meine Aussage abgegeben hatte, bedankte ich mich sehr emotional bei meiner Schwester Parvati und verabschiedete mich von ihr. Danach wurden Rohan und ich durch die Anlage von Maiti Nepal geführt. Sie ist rings um einen wunderschönen Hof mit Gras, Bäumen und Blumen gebaut. Ich fühlte mich auf Anhieb wie zu Hause und spürte, dass sogar Rohan anfing, sich zu entspannen. Wir teilten uns mit fünf anderen Frauen und Kindern, die ähnlich wie wir verkauft worden waren, ein entzückendes, luftiges Zimmer. Sofort fühlten wir uns ›normal‹, nicht wie die ›Ausgestoßenen‹, die wir in meinem Heimatdorf geworden waren.

In jener ersten Nacht schliefen wir tief und fest. Es war wunderbar, Rohan endgültig an meiner Seite zu haben und zu spüren, wie er sich an mich schmiegte. Als ich einschlief, ging mir durch den Kopf: Ich habe das Versprechen gehalten, das ich meinem Sohn gab. Wir sind wieder zusammen.

Zum ersten Mal seit Jahren fühlte ich mich rundum gut.«

Bei Maiti Nepal hält man sich an einen strengen Zeitplan, weshalb Radhika und Rohan am nächsten Morgen bereits um fünf Uhr geweckt wurden. Von fünf Uhr dreißig bis sechs Uhr nahmen sie an einem Yogakurs teil, anschließend wurden sie gebeten, sich an den täglichen Reinigungsarbeiten bis gegen sieben Uhr zu beteiligen.

Nach dem Frühstück, das um halb acht stattfand und aus warmer Milch und Brot bestand, kam Anuradha und teilte Radhika mit, sie solle sich für einen schwierigen Tag wappnen. Sie forderte sie auf, Rohan den ausgebildeten Betreuerinnen von Maiti Nepal anzuvertrauen, während Anuradha und Radhika beschäftigt wären. Dann stiegen die beiden Frauen in eines der Allradfahrzeuge der Organisation und fuhren in die Stadt. Es konnte ein gefährliches Unterfangen werden, denn sie brachen zur Jagd auf Radhikas Menschenhändler auf.

Radhika und Anuradha saßen hinten in dem Land Cruiser, während sich der Fahrer auf der Suche nach den Verstecken der Menschenhändler den Weg durch Kathmandus verstopfte, staubige Straßen bahnte.

Radhika denkt an die Fahrt zurück: »Es war fürchterlich, sich diesen Erinnerungen erneut zu stellen, aber Anuradha erklärte mir, dass sie ihre Adressen kennen musste, damit sie die Polizei auffordern konnte, sie zu verhaften.

Mit zittrigen Händen zeigte ich nacheinander, wo sie wohnten. An diesem Morgen war keiner zu Hause, aber Anuradha kehrte am Nachmittag mit ihrem Fahrer zurück und fand ›Purne‹ Pariyar. Er hatte mit meinem Ehemann den Plan geschmiedet, mich zu entführen und an Bordelle in Indien zu verkaufen. Später wurde er wegen Menschenhandels verhaftet.«

Radhika beobachtete ungläubig, wie diese zierliche Frau, die sie erst vor einem Tag kennengelernt hatte, den Kampf für sie aufnahm. »Ich konnte nicht glauben, dass sich eine so bedeutende Persönlichkeit wie Anuradha meines Falls annahm. Ich fühlte mich dadurch sehr sicher und beschützt.«

Bei Maiti Nepal begann Anuradhas Team von Rechtsspezialisten, eine Klage gegen Pariyar vorzubereiten und das komplexe Puzzle von Radhikas Erfahrungen mit dem Menschenhandel zusammenzusetzen. Radhika und Rohan konnten indes weiter an ihrer Genesung arbeiten. Mutter und Sohn suchten Trost in der Liebe und Obhut von Maiti Nepals engagierten Sozialarbeiterinnen, die Überlebenden des Menschenhandels durch Betreuung dabei helfen, ihre Erfahrungen zu verarbeiten. Und Rohan begann, die nebenan liegende Schule, die St. Teresa Academy, zu besuchen, wodurch sich Radhikas Traum erfüllte, dass er eine Ausbildung erhalten sollte.

Während Rehabilitation ein Schwerpunkt der Arbeit von Maiti Nepal ist, befasst man sich durchaus auch großflächiger mit dem Problem des Menschenhandels. Anuradha teilte Radhika mit, dass sie der Polizei aufgetragen habe, Pariyar für eine Gegenüberstellung zu Maiti Nepal zu bringen.

Nach Radhikas jüngsten Erfahrungen mit der Polizei, die sich ihr gegenüber so abweisend gezeigt hatte, fragte sie sich, wie Anuradha solchen Einfluss haben konnte. Sie musste eine wirklich wichtige Persönlichkeit sein, wenn die Polizei auf sie hörte, fand Radhika. Das bestärkte sie in ihrer Überzeugung, dass sich ihr und Rohans Leben durch ihre Entscheidung, zu Maiti Nepal zu gehen, tatsächlich für immer ändern würde. Was völlig unmöglich gewirkt hatte, als Rohan und sie mit Parvati das Polizeirevier verließen, schien nun absolut möglich zu sein. Anuradha hatte Radhikas Gefühl für Hoffnung wiederhergestellt.

Anuradha meinte zu Radhika, dass »Purne« Pariyar, wenn er Radhika und Rohan verkauft hatte, anderen Frauen und Kindern davor und danach mit hoher Wahrscheinlichkeit dasselbe angetan hatte. Die Abläufe waren zu reibungslos gewesen, um einen anderen Schluss zuzulassen. Und das Netzwerk der Bordelle, zu denen Radhika in Indien befördert worden war, deutete darauf hin, dass es sich um Menschenhandel in großem Stil handelte. Eine Gegenüberstellung Pariyars mit den Bewohnerinnen von Maiti Nepal konnte die endgültige Bestätigung liefern, die Anuradha brauchte.

Radhika erinnert sich: »Schon bald, nachdem Anuradha ihn aufgespürt hatte, wurde Pariyar zur Identifizierung zu Maiti Nepal gebracht. Anuradha wollte, dass ich mich zusammen mit vierzig anderen jungen Frauen im Gras aufstellte und wartete, bis er vor uns geführt wurde.

Ich erstarrte sofort, als ich das vertraute, arrogante Gesicht des drahtigen Mannes erblickte, der zu uns gebracht wurde. Er schwitzte heftig, und sein strähniges schwarzes Haar klebte an seinem Gesicht. Sein teuer aussehendes Hemd und die Hose waren von Schweißflecken übersät. Er war eindeutig entsetzt darüber, seinen Opfern gegenübergestellt zu werden.

Einen Moment lang fühlte ich mich allein, als ich den Mann anstarrte, dem es beinah gelungen war, meinen Sohn und mich zu zerstören. Ich war völlig verängstigt darüber, ihn wiederzusehen. Mein gesamter Körper fühlte sich taub an, und in meinen Ohren ertönte das vertraute Summen, das mir verriet, dass ich kurz davor stand, die Besinnung zu verlieren. Dann jedoch drangen lautere Geräusche zu mir durch. Es waren die Stimmen einiger anderer Mädchen rings um mich, die Pariyar wütend anbrüllten. ›Du Mistkerl!‹, schrien sie im Chor. ›Fahr zur Hölle, du Bastard.‹

Da wurde mir klar, dass auch sie ihn als den Mann erkannt hatten, der sie verkauft hatte. Es ging nicht nur um mich. Er war eindeutig eine bekannte Gestalt in diesem widerlichen Geschäft.

Dann begann die Schar der jungen Frauen um mich, sich in Bewegung zu setzen. Sie konnten ihre Wut nicht mehr bändigen und stürmten auf Pariyar zu, schlugen auf seinen Körper und Kopf ein. So wie ich waren viele von ihnen an den fürchterlichen Erfahrungen, die sie durchmachen mussten, beinah zerbrochen – nun wollten sie ihre Wut an dem Übeltäter auslassen.

Auch ich wollte es, doch aus irgendeinem Grund konnte ich es nicht. Ich stand nur da und beobachtete die Geschehnisse rings um mich, die wie in Zeitlupe abliefen. Meine Beine standen wie festgewurzelt da, aber plötzlich öffnete sich mein Mund, und ich stieß einen durchdringenden Schrei aus.«

Als der schrille Laut über den Hof von Maiti Nepal hallte, wurde Radhika klar, dass sie sich auf dem Weg zur Genesung befand. Ihr Schrei war der Laut der Freiheit.

Epilog

Radhika und Rohan wohnen nach wie vor bei Maiti Nepal, wo sie auf ihrem Weg zur Rehabilitation und einem einigermaßen normalen Leben große Fortschritte erzielen. Dort bin ich den beiden zum ersten Mal begegnet, als ich im Juli 2009 in Kathmandu war, um für *The Sun* einen Bericht über die Gurkha Justice Campaign zu schreiben. Zusammen mit fünfzehn anderen Journalisten und Fotografen begleitete ich die Schauspielerin und Aktivistin Joanna Lumley von der Hauptstadt nach Jhapa, Pokhara, Dharan und wieder zurück. Ich erlebte aus erster Hand mit, welche überwältigende Dankbarkeit Joanna für ihre öffentlichkeitswirksame britische Kampagne für die Rechte der Gurkha entgegengebracht wurde. Am letzten Tag unserer einwöchigen Reise kündigte Joanna ihre Absicht an, in Kathmandu eine Zuflucht namens Maiti Nepal für Frauen zu besuchen, die Opfer des Menschenhandels geworden waren. Ich fragte sie, ob ich mitkommen dürfe.

Joanna fuhr voraus. Als ich eintraf, begann eine Gruppe von Überlebenden des Menschenhandels gerade mit einer ergreifenden nepalesischen Tanzaufführung, bei der ihre schmerzlichen Erfahrungen dargestellt wurden. Ich reihte mich rasch in den hinteren Rängen des Publikums ein, wo ich nach kurzer Zeit von Maiti Nepals Gründerin Anuradha Koirala angesprochen wurde. Schon einmal waren Journalisten der *Sun* bei Maiti Nepal gewesen, als sie Prinz Charles bei einer Rundreise begleiteten. Sie starteten im Anschluss daran eine Kampagne, mit der ein Teil eines Unterkunftstrakts finanziert werden konnte.

Nach einem Gespräch mit Anuradha erklärte ich mich bereit zu helfen, so gut ich konnte. Ich ersuchte darum, eine junge Frau kennenzulernen, deren Erfahrungen am repräsentativsten für die Schrecken des Menschenhandels seien, und versprach, dass ich mich dafür einsetzen würde, ihre Geschichte zu veröffentlichen, um auf das Problem aufmerksam zu machen und dadurch weitere Mittel für Maiti Nepal zu sammeln. Anuradha eilte davon und kehrte kurze Zeit später mit Radhika und deren Sohn Rohan zurück. Radhika erwies sich als atemberaubende Schönheit mit sanftmütigem Auftreten. Was mich jedoch besonders faszinierte, war ihre unübersehbare Liebe für ihren Sohn. Letztlich saßen wir mit untergeschlagenen Beinen auf dem Rasen der Zuflucht, wo mir Radhika eine der erstaunlichsten Geschichten erzählte, die ich in meiner Laufbahn als Journalistin je gehört hatte. Über zwei Stunden lang lauschte ich ihr wie gebannt, teils schockiert, teils vor Fassungslosigkeit regelrecht gelähmt. Aber die ganze Zeit über spürte ich die auffallend starke Bindung zwischen Radhika und ihrem Sohn. Danach dankte ich Radhika dafür, dass sie mir ihre Lebensgeschichte anvertraut hatte, kehrte in mein Hotelzimmer zurück und weinte. Nach so vielen Jahren im Journalismus kommt es selten vor, dass mich eine Story so berührt. Ich wusste sofort, dass dies eine besondere Geschichte war, die unbedingt einem größeren Publikum zugänglich gemacht werden musste.

Im Verlauf der Monate nach dieser ersten Begegnung lernte ich Radhika und Rohan wesentlich besser kennen. Außerdem erfuhr ich eingehender, was für wichtige Arbeit Maiti Nepal dabei leistet, Radhika, Rohan und unzähligen anderen zu helfen, mit ihren Erfahrungen abzuschließen, von denen einige so schlimm sind, dass immer noch nicht darüber gesprochen werden kann. Anuradha und ihr engagiertes Team helfen den Mädchen und Frauen, die bei Maiti Nepal landen, ihr Selbstwertgefühl wiederzuerlangen, indem es ihnen in einer friedlichen, inspirierenden Umgebung ermöglicht wird, ihre ursprüngliche Ausbildung fortzusetzen oder neue Dinge zu lernen. Die Organisation legt großen Wert darauf, Frauen zu helfen, wirtschaftlich unabhängig zu werden. Unter anderem werden Berufsausbildungen zur Friseuse, Kosmetikerin, Floristin, Näherin und Bäckerin angeboten. Außerdem werden aktiv Arbeitsplätze für die betreuten Frauen gesucht, und gegebenenfalls unterstützt man sie auch mit Startkapital zur Eröffnung eines eigenen Geschäfts.

Ähnlich profitieren die Kinder von den angebotenen Möglichkeiten. Rohan besuchte die St. Teresa Academy, die 1998 von der Organisation gegründet wurde, sich auf Maiti Nepals Gelände in Kathmandu befindet und Kindern im Alter von fünf bis zwölf Jahren eine fundierte, umfassende Schulbildung vermittelt. Aktuell zählt sie über hundertfünfzig Kinder. Inzwischen besucht Rohan die zweite Klasse der öffentlichen Schule Vidyananda in Kathmandu. Laut dem Direktor der Einrichtung arbeitet er sehr hart und wird immer besser.

Er hat bereits große Fortschritte erzielt und spricht mittlerweile deutlich und selbstsicher. Trotzdem ist er immer noch schwer von seinen Erfahrungen gezeichnet, und Anuradha ist davon überzeugt, dass er dringend die Hilfe eines Kinderpsychologen bräuchte – eine Form von Betreuung, die sie gern allen Kindern bieten würde, die das Getriebe des Menschenhandels überlebt haben.

Aber Anuradhas Arbeit beschränkt sich nicht nur auf die Wiedereingliederung von Opfern des Menschenhandels in die Gesellschaft. Sie kämpft zusätzlich an mehreren anderen Fronten aktiv gegen das Problem. So führt sie in abgelegenen Dörfern umfassende Aufklärungskampagnen durch – um verletzliche ungebildete Mädchen vor den gefährlichen Tricks zu warnen, mit denen sie in die Prostitution gelockt werden. Darüber hinaus hilft sie dabei, Menschenhändler vor Gericht zu bringen. Deshalb verfügt Maiti Nepal über eine eigene Rechtsabteilung mit engagierten Anwälten, ein Team, von dem auch Radhika und Rohan profitiert haben. Die Anwälte fanden heraus, dass Radhikas Ehemann, Rajesh Pariyar, unter dem Vorwurf des Menschenhandels im Gefängnis von Kathmandu saß, als Radhika 2007 aus Indien nach Nepal zurückkehrte. Außerdem arbeiteten sie daran, Rajan Pariyar und Krishna »Purne« Pariyar vor Gericht zu bringen, die letztlich beide Haftstrafen erhielten, nachdem Radhika am 2. November 2009 beherzt gegen sie ausgesagt hatte.

Am 1. Juni 2010 konnten Radhika und Rohan bezeugen, wie die beiden Männer vom Kreisgericht Kathmandu wegen Menschenhandels verurteilt wurden, Rajan zu achtzehn Jahren Haft, Purne zu vier Jahren.

Rohan ist nach wie vor eine enorme Inspiration für Radhika. Wie seine Mutter tanzt auch er liebend gern. Inzwischen sind Mutter und Sohn im Zuhause von Radhikas Familie in Kavresthali willkommen, obwohl traurigerweise einige tief verwurzelte Vorurteile unverändert geblieben sind. Radhikas Großmutter Hari Prem war einige Zeit bettlägerig, bevor sie am 30. Dezember 2015 im Alter von 107 Jahren verstarb. An den Bestattungsritualen durfte Radhika aufgrund der Vorbehalte einiger Dorfältester nicht teilnehmen, die sie durch die ihr auferlegte Zwangsprostitution als unrein betrachten. Radhika sagt dazu: »Meine Großmutter war sehr alt, deshalb empfinde ich zwar Traurigkeit, bin aber nicht erschüttert. Es war schlimm, von der Bestattung ausgeschlossen zu werden, aber so ist es nun mal in unserer Kultur. Ich habe keine andere Wahl, als damit zu leben und zu hoffen, dass sich letztlich etwas ändern wird.«

Indes hat Radhikas jüngerer Bruder Balkrishna Phuyal eine große Rolle dabei gespielt, die Haltung der Familie gegenüber Radhika zu ändern. Radhikas Schwester Parvati ist ungebrochen ein Quell der Liebe und Stärke für Radhika und besucht sie und Rohan regelmäßig bei Maiti Nepal, einem Heim, das die beiden auch dank ihr fanden.

Doch kurz vor Mittag am Samstag, den 25. April 2015, wurde Radhikas Leben erneut erschüttert: Ein Erdbeben der Stärke 7,8 suchte Nepal heim, verwüstete große Teile der Hauptstadt Kathmandu und sorgte landesweit für verheerende Schäden. 9000 Menschen mussten ihr Leben lassen, aber Radhika und ihr 12-jähriger Sohn Rohan haben einmal mehr überlebt.

Radhika, mittlerweile 29, erinnert sich: »Ich war bei Maiti Nepal, half Rohan, seine Bücher für den nächsten Schultag bereitzulegen, und habe dabei mit Freundinnen geplaudert, als ich die Erschütterungen spürte. Es hat sich angefühlt, als würde mein gesamter Körper zittern, und ich dachte, das Gebäude würde einstürzen. Deshalb fing ich an, dabei zu helfen, die Kinder aus ihren Zimmern zu tragen. Ich hatte solche Angst, und die Babys haben alle geweint. Irgendwie ist es uns dann gelungen, die Lage in den Griff zu bekommen, Kurz darauf halfen wir beim Be- und Entladen von Hilfsgütern, die von Maiti Nepal in die am schlimmsten betroffenen Gebiete verteilt wurden. Wir haben viele Nachbeben gespürt. Jedes war wie ein neues Erdbeben. Alle Kinder haben geweint, und jeder war so besorgt um sie. Es ist ein Wunder, dass unser Gebäude standhielt und alle Frauen und Kinder darin überlebt haben – wir haben alle schon so viel durchgemacht, aber wir fühlen uns gesegnet, weil wir erneut überlebt haben.«

Radhika arbeitet mittlerweile als Gärtnerin bei Maiti Nepal. »Ich habe das Gärtnern die vergangenen drei Jahre gelernt und Gefallen daran gefunden. Inzwischen bin ich überzeugt davon, mir damit den Lebensunterhalt verdienen zu können«, sagt sie. Auch hat sie an mehreren Kursen zur Bekämpfung von Menschenhandel teilgenommen und ist Mitglied in Maiti Nepals Theatergruppe, die es sich zum Ziel gesetzt hat, die Menschen für das Thema Menschenhandel zu sensibilisieren. In ihrer Freizeit singt und tanzt Radhika gern mit anderen Frauen im geschützten Raum von Maiti Nepal.

Radhika erzielt zweifellos Fortschritte, aber die Geister der Vergangenheit suchen sie nach wie vor heim. »Ich erinnere mich noch an ein Leben, in dem ich Zeit mit Freunden verbracht und bei meiner Familie gewohnt habe. Dadurch, dass ich Opfer des Menschenhandels geworden bin, ist diese Zeit der Unschuld nun für immer vorbei. Außerdem empfinde ich immer noch Traurigkeit darüber, dass mir meine Niere gestohlen wurde, und ich bin bis heute nicht imstande gewesen, eine neue Beziehung mit einem Mann einzugehen.«

Unlängst wurde Radhika unliebsam an ihre Vergangenheit erinnert, nachdem eine Frau bei Maiti Nepal aufgetaucht war, die behauptete, ihre Schwägerin zu sein. Radhika sagt: »Sie kam zu Maiti Nepal, als ich gerade unterwegs war, und hat dem Personal ein Foto von mir gezeigt. Sie sagte, mein Ehemann Rajesh Pariyar, Rohans Vater, sei während des Erdbebens im Gefängnis umgekommen. Einigen Häftlingen war es gelungen, zu fliehen, aber diejenigen, die nicht wegrennen konnten, sind unter den Trümmern gestorben. Ich empfinde deswegen weder Schmerz noch Traurigkeit, aber es bereitet mir Sorgen, wie ich es Rohan beibringen soll. Ob die anderen Männer, die eingesperrt wurden, weil sie mich verschleppten, tot oder am Leben sind, weiß ich immer noch nicht.«

Als diese Zeilen geschrieben wurden, bereitete sich Radhika gerade für eine Reise nach Nuwakot vor, vier Autostunden von Kathmandu entfernt. Sie sollte dort in einem Schauspiel über Menschenhandel auftreten. Sie sagt: »Ich träume davon, Sozialaktivistin zu werden, viele junge Frauen in den ländlichen Gebieten von Nepal zu erreichen und über Menschenhandel aufzuklären. Ich will verhindern, dass Frauen in dasselbe Schicksal wie ich geködert werden. Und wenn sie denselben Weg beschritten haben, will ich sie heilen.«

Radhikas Geschichte ist bestimmt nicht einfach zu lesen, doch solche Dinge zu überleben, war ungleich schwieriger. Radhika und Rohan haben es geschafft – obwohl die Chancen dafür oft schlecht standen. Wenngleich diese mutige junge Frau die Hölle auf Erden durchmachen musste, hat sie doch auch einige wahrhaft außergewöhnliche Menschen kennengelernt, die bereit waren, ihr Leben für sie und Rohan aufs Spiel zu setzen; ein Beweis, dass das Gute über das Böse triumphieren kann, sogar über etwas so überwältigend Böses wie den Handel mit Menschen.

Radhika denkt oft an die Menschen, die dazu beigetragen haben, Rohan und sie zu retten. Sie fragt sich immer noch, was aus Jigmi geworden ist, und hofft, dass er noch lebt. Zu den beeindruckendsten Persönlichkeiten, die Radhika kennengelernt hat, zählen nach wie vor Reeta, Riya und Laxmi, doch Radhika zerbricht sich bis heute den Kopf darüber, ob ihnen die Flucht vor den Handlangern der Bordellbesitzerin gelungen ist, die um ein Haar ihren eigenen Aufbruch in die Freiheit verhindert hätten. Ruhig schlafen wird sie wohl erst können, wenn sie weiß, dass die drei in Sicherheit und am Leben sind. Und sie würde nur allzu gern Sushil wiedersehen – nicht nur, um ihm ordentlich zu danken, sondern auch, um ihm zu zeigen, wie gut es Rohan und ihr mittlerweile geht.

Das Inspirierendste an dieser Geschichte sind jedoch Radhika selbst und ihre Liebe zu Rohan. Diese Liebe half ihr, die grauenhaften Situationen zu überstehen, denen sie ausgesetzt war. Diese Liebe und die couragierten Taten der Menschen, die ihr halfen, ermöglichten es ihr letztlich, mit eigenen Augen zu bezeugen, wie einige der Menschenhändler verurteilt wurden, die – erfolglos – versucht hatten, Radhika und Rohan zu brechen.

Klarstellung

Die Beschreibung der Ereignisse und Handlungen in diesem Buch stellt die Auslegung der Autorin von Informationen dar, die sie durch öffentliche Aufzeichnungen, Medienberichte und Interviews erhielt. Die Autorin hat ihre eigenen Schlüsse aus diesen Informationen gezogen, und wenngleich man versucht sein könnte, diese in jederlei Hinsicht als einen Tatsachenbericht der Ereignisse zu betrachten, sind sie das nicht und sollten nicht so interpretiert werden. Darüber hinaus war Radhika während vieler der in diesem Buch geschilderten Geschehnisse verständlicherweise orientierungslos, erschöpft und verwirrt. Durch diesen Umstand und die Tatsache, dass sie davor kaum je über die Grenzen ihres Dorfes hinausgekommen war, besteht Unsicherheit in Bezug auf einige spezielle geografische und zeitliche Angaben. Dies tut jedoch der Realität der traumatischen Erlebnisse, die sie erleiden musste, keinerlei Abbruch.

Vielen Dank.

Weitere Informationen

Südasien gilt als Zentrum des internationalen Handels mit menschlichen Organen. Die Gleichung ist einfach, aber brutal: Man nehme einen Spendervorrat verzweifelt armer Menschen, eine Bande skrupelloser Menschenhändler und ein korruptes Überwachungssystem. Das Ergebnis ist ein blühender Handel mit Körperteilen. Aber was führte bei einer dermaßen großen Auswahl dazu, dass Radhika Phuyal, ein junges Mädchen aus Nepal, in dieses gefährliche illegale Spiel geriet? Die Antwort ist schlicht: Ihre ländliche Herkunft, ihr Mangel an Bildung und vor allem das Fehlen jeglicher finanziellen Mittel machten aus ihr das perfekte Opfer für die Verbrecher, die auf diesem etliche Millionen Dollar schweren illegalen Markt mitmischen.

In einer Welt, in der laut Weltgesundheitsorganisation (WHO) mindestens zehn Prozent aller Transplantationen auf »Medizintouristen« entfallen – also auf Menschen aus Industriestaaten, die lebenswichtige Organspenden im Zuge privater Transaktionen in armen Nationen erhalten –, ist ein gewisser Anteil an illegalen Machenschaften vermutlich nicht überraschend. Solche Reisenden greifen auf Vermittler vor Ort zurück, die auf verschiedene Arten zum Beispiel Nieren

»beschaffen« und Vorkehrungen für die Transplantationen treffen. Auf diese Weise wird jährlich mit mindestens 15 000 Nieren gehandelt, und Indien gilt aufgrund seines konstanten Vorrats an verfügbaren Organen als besonders populäres Ziel. Viele der jungen Mädchen, denen – freiwillig oder auch nicht – Organe für die Weitergabe entnommen werden, stammen aus Nepal.

Fakten zum Menschenhandel

Menschenhandel weltweit

- Menschenhandel ist neben Drogen- und illegalem Waffenhandel das profitabelste illegale Geschäft
- Jedes Jahr werden weltweit über 20 Millionen Menschen verschleppt
- 70% der Verschleppten sind Frauen und Kinder

Menschenhandel in Nepal

- Jährlich werden zwischen 15 000 und 20 000 Mädchen verschleppt und verkauft
- Ca. 26 000 Frauen und Mädchen arbeiten als Zwangsprostituierte, davon sind ca. 50% jünger als 18 Jahre
- Bisher wurden ca. 200 000 nepalesische Frauen und Mädchen in indische Bordelle verkauft, jedes Jahr kommen ca. 7 000 hinzu

Quellen: Global Slavery Index, Maiti Nepal

Unterstützer von Maiti Nepal

www.maitinepal.org

Sonja Kill Stiftung

BONO-Direkthilfe e.V.
www.bono-direkthilfe.org

pro vita
www.stiftung-provita.de

Die Sternsinger – Kindermissionswerk
www.sternsinger.de

pro filia
www.profilia.eu

Chance Swiss
www.chanceswiss.ch

Diese Liste ist lediglich eine Auswahl. Weitere Unterstützer von Maiti Nepal sind auf www.maitinepal.org zu finden.

Abbildungsverzeichnis